意外總會隨時上門，保持Chill才能見招拆招

三明治媽的多重宇宙

蕭彤雯／著

目錄

About Me

第一重宇宙：我的人生意外

莫非這是老天爺給的任務

About Parents & Me

第二重宇宙：父母與我

我也開始踏上了長照路

About Children & Me

第三重宇宙：孩子與我

我最喜歡卻最煩躁的角色

推薦序

「照顧」不是責任，而是因爲愛

周慕姿（心曦心理諮商所創辦人、心理師）

我曾經歷過一件事。

在我念完諮商所、剛開始工作時，拚命工作支持我讀書的媽媽，身體出了狀況。去醫院檢查後，醫生告訴我們，媽媽似乎罹患類似帕金森的慢性疾病。

對於當時的我們而言，醫生的宣告無疑是晴天霹靂。我想著：「好不容易開始工作，可以給媽媽過好日子了，但媽媽的身體居然出了狀況，到底該怎麼辦？」

醫生宣告媽媽罹患該疾病的畫面，我大概一輩子都忘不了。

獨生女的我，陪著媽媽多次檢查、看報告，每晚都在搜尋這個病症相關的資訊，和我先生討論，只希望這件事不是真的。

而當事人媽媽，更是以淚洗面，覺得人生無望。

在我與媽媽情緒愈來愈低落的情況下，幸好，我意識到了，想起我是一個受過訓練的心理師。打起精神，我重新思考媽媽的狀況，決定將資訊統整，做一個「小本本」，用我拙劣的繪畫技巧，寫下媽媽生活中要注意的事情，例如每天要運動、保持愉快的心情、飲食要注意什麼……

在這本精美的小冊子裡，除了生活注意事項，還充滿打氣的話，因為我只想告訴媽媽：

「妳放心，我陪著妳。」

媽媽聽了我的鼓勵，收下我的手作健康小冊後，也擦乾眼淚，振奮的說：「對，妳說得有道理，至少我們提早發現、提早治療，我們一起努力看看，還沒有那麼糟。」

於是，媽媽停下工作，每天運動、散步，保持身心愉快，有意識的調整飲食與生活。

過了兩、三年後，媽媽在一次追蹤檢查中，醫生發現，她的所有數值都恢復正常，連當時被判讀有問題的核磁共振影像報告，也恢復成與常人無異。媽媽還被醫生邀請在教學診中作為示範個案，所有醫生圍著她做各種檢查與討論，嘖嘖稱奇。

那一段經驗，對我來說是有驚無險，卻也讓我感受到身為一個孩子，面對父母的老後，會多麼徬徨無助；而對於父母來說，面對身體的日漸衰老，又會是多麼難以接受與消化。

現在想來，或許當時拯救我與我媽媽的，是我們彼此的愛：

我想要鼓勵、陪伴她，那是因為愛；

她願意花如此多心力，配合我告訴她的方法，努力的照顧自己，希望不給我添麻煩，也是她對我的愛。

而「愛」這件事，是我讀彤雯姐這本新書《三明治媽的多重宇宙》，最受到感觸的部分。

同樣是獨生女，必須面對父母的年邁與身體老化、自己身體的病痛與各種狀況外，彤雯姐還有一雙兒女，還要考慮工作、家庭的平衡。不論是書中的內容，或是曾聽過彤雯姐的分享，我深感彤雯姐的「不易」與「美麗」。

那個「不易」，是在每一個突發事件與難以控制的生活中，彤雯姐總是得力挽狂瀾獨自面對。不論是身體經歷了大刀、媽媽在面對病痛時的情緒、美寶與瓜瓜的生活各種疑難雜症……彤雯姐總希望不要給人添麻煩，希望能讓身邊的人滿意開心，這樣的彤雯姐，就像拚命三郎，用自己撐著別人，讓我們看了既心疼又不捨。

但除了不易，還有「美麗」。那個「美麗」，是即使在這麼多的不可控中，總有無力、挫折、痛苦的時候，但此時，讓彤雯姐撐過這一切的，是她對身邊的人有好多好多的愛，這些愛，讓她在緩過氣後，願意去理解對方，願意想方設法解決這些難題；這些愛，也提醒她要照顧自己，要能放過自己，這也形成了彤雯姐令人難以企及的挫折耐受力。

當然，這麼多的愛，也讓她成為身邊重要的人的生命燈塔。對彤雯姐身邊的人來說，有彤雯姐，那生活面臨的各種難關，似乎就有一點可能，可以靠著她的光與溫暖，找到方向，再撐下去一點點。

也是這樣的愛，讓彤雯姐在百忙之中，願意寫下這本書，將自身各種經驗分享給大家，包括如何面對自身病痛，如何面對父母的年老與照顧，以及面對兒女的成長，該如何調適與互動……

不論是哪個經驗，都是不容易的，而要度過這些不容易，還是得回歸到與自身的對話及理解。在這本書中，我看到了彤雯姐怎麼從過度努力的女兒／媽媽／妻子，到成為能夠放過自己的彤雯，這過程，很不容易，但彤雯姐做到了。

除此之外，因為是彤雯姐寫的書，當然不能忽略她記者的身分！因此，書中有許多長照與醫療相關的資訊，太實用了！

讀這本書，我數度紅了眼眶，應該是因為，這本書是彤雯姐用真心寫下、那些用血淚走來的人間路。這本書，獻給所有在女兒／妻子／媽媽身分中掙扎的妳。或者，若你身邊也有著這樣的人們，來讀讀這本書吧！你一定能從這本書中，了解身邊的人所面臨的困難與掙扎，甚而共鳴。

當愈有機會互相理解時，我們就不僅是一起困在困境中，而是彼此陪伴，一起撐過這一段。

就像彤雯姐在書中寫的：「不要把照顧家人視為責任，而是因為對家人的愛。」能夠做到這些的，就是愛。

這本書，充滿愛的心路歷程，誠摯與大家分享：《三明治媽的多重宇宙》

推薦序

燒烤三明治的Chill

蔡淇華（惠文高中圖書館主任、作家）

母親罹患老年憂鬱，女兒陷入青春風暴，兒子疑似有過動症狀，被夾在中間的自己，卻在健檢時發現自己罹患了肺腺癌。這是蕭彤雯於二〇二一年遇到的「中年完美風暴」，但蕭彤雯卻能從風暴中平安歸來，並且累積了「三明治世代」最需要的知識與心法，在這本新書中完整呈現。

「三明治世代」不能忌諱健檢

許多人忌諱健檢，認為不檢查沒事，一檢查就有事。政大新聞系畢業，曾任華視醫藥記者的蕭彤雯，在本書中提供大量專業的醫療數據，提醒大家，不要有阿Q心態，癌症並不可怕，可怕的是太晚期發現。

本書提到，二〇二三年底，國健署公布的二〇一〇年十大癌症資料，肺癌新增一萬六千八百八十人，擠下蟬聯十五年冠軍的大腸癌，成為「癌王」，也宣告「台灣肺癌世代」正式來臨。想要戰勝肺腺癌最好的方法，就是進行篩檢，提早發現，因為零到一期的初期患者透過開刀切除腫瘤後，基本上就算治癒了。

蕭彤雯並沒有肺癌家族史，仍然罹癌，因此本書提醒步入中年者，一定要記得進行「低劑量電腦斷層掃描」（LDCT），因為肺部X光能照到的癌變常是二期以上，只有LDCT抓得到初期病變。

自己的妻子因為有健檢的好習慣，十幾年前提早發現一種原位癌，早期處理，才沒有讓家庭陷入困境。與自己一起寫歌的高中同學，去年第一次進行LDCT檢查，發現得到了二期肺腺癌，醫生向他說，還好及時發現，如果再晚一點，治癒機會將大幅降低。看完這本書後，我被說服了，第一時間便向鄰近醫院預約了

LDCT檢查。

長照資源多，但要會使用

自己的母親自從中風，加上得到帕金森氏症後，需要請外籍移工看護，二〇二四年四月，看護須返回印尼探親一個月，我和哥哥們剎時陷入無助狀態。這本書提供大量有用的資訊，例如「長照一二三四」：一工具、兩電話、三步驟、四包錢。看完後，知道資源在哪裡，我和兄長便不再焦慮了。

「三明治世代」最辛苦的，是缺乏足夠的知識與心理建設，這本新書能完美的補足這兩塊。茲節錄書中金句：

#檢查有價，但健康無價！

#得不到答案的胡思亂想，最多只能容忍自己想兩次。

#想著很多人有著相同的命運，就會覺得自己不孤單。

#明天和意外不知道哪個先來？所以不要把「做好交代」當作觸霉頭。

#不做過度努力的照顧者，對我們更好。

#明知青春期是火山，就別引爆它。

#當孩子進入青春期，不管以什麼面貌呈現，建議父母親面對的三大方法就是：相信、等待、放下焦慮。

閱讀此書，預防高峰墜落

「三明治世代」經常處於一生當中職涯的高峰，但一不小心，就會因為健康或家庭因素，從高峰墜落。非常推薦朋友們閱讀這本從「撕心裂肺」活到「沁人心肺」的救命書，一起在三明治被燒烤的時刻，以樂觀的態度面對挑戰，活出Chill的美好境界！

自序

前一秒優雅、下一秒狼狽的三明治人生

你今天早餐吃了什麼？這些年我愈來愈覺得，早餐就是人生縮影。

如果年輕時的我，是可愛的草莓夾心吐司，結婚、有了孩子後，大概就升級成鮪魚或火腿三明治。隨著生活及工作的壓力與複雜度日益增加，還有小孩愈生愈多、愈長愈大，我這三明治裡夾的東西也變得豐富：生菜、番茄、起司……但多半都還在能一口咬下的範圍內。

直到父母身體出了狀況，才四十多歲的我開始一個人努力去了解：「變老，是怎麼一回事？」開始接受我的爸爸媽媽，從我最大的支持力量，變成我最重的責任，我突然覺得自己一下子變成總匯三明治——從小到大我最討厭的那個早餐選項！

到底為什麼要在一份麵包裡，夾這麼多食材、醬料？先別說有些口味真的很不搭，硬要多加一、兩片吐司在中間，這厚度也很難一口咬下呀！你只能先把整個三明治盡量壓扁一些，才能勉強塞進嘴裡。有時醬料還會擠出殘留在嘴角，烤得酥脆的吐司不小心還會刮傷上顎。

上桌時漂漂亮亮，入口時狼狽不堪，不論是吃的人還是三明治本身，都無法保持優雅，所以我從來不點總匯三明治。

可惜人生沒辦法任我點菜。我現在就是個包山包海、被壓扁扁的總匯三明治。通常大家說「三明治族群」指的是上有父母、下有子女，被夾在中間的那一群，但我覺得我是最外面的那兩片吐司，想把所有人、所有問題，都穩當的承接包覆住。只是所有承載都有限重，以為自己都能做到的結果，不是裡頭餡料落了，就是外頭吐司滑了。

還好，我先遇到的是吐司滑了一跤。誰能想到，把整個家裡所有成員的健康都照顧得好好的我，居然是這個家裡第一個出大事的人。

二〇二一年初，透過健檢意外發現自己肺部有狀況，同年三月接受手術，確診為肺腺癌零期。我居然成了原生家庭與自己所組家庭中，第一個與癌症正式沾上邊的人。不過從頭到尾，我仍然是整個家族裡最冷靜的人，獨自安排好後續就醫、手術計畫、工作進度及孩子的安頓，沒有大家口中的「晴天霹靂」，更沒有「以淚洗面」。

手術後不到兩週，我就恢復正常上班，並將這件事公告周知。後來我才知道台灣政界、商界及我所處的媒體業，很多名人都動過肺腺癌手術，絕大多數人選擇完全不對外透露。自我隱私的保護本來就是個人權利，但我為自己貼上「我曾罹癌」的標籤，只是想提醒更多人：「肺腺癌比你想像得更靠近你！」

不過對我來說，罹癌經歷卻絕對登不上人生最艱難清單的前三名。如何面對父母的老去？如何獨自扛起長照責任？如何陪伴有著年齡差距，需求、個性也完全不同的兩個孩子適性成長？即使心中很確定自己對孩子們並無差異，但在付出的時間與資源上，真能做到完全公平？

「上有老、下有小，自己身心狀況也不見得有多好」，我想這是所有三明治族群的共同寫照。寫下這本書，是想給已邁入不惑，甚至知天命之年，卻還像個陀螺一樣轉個不停的你我，一些提醒、一點鼓勵。

我們現在經歷的，可能是人生最難的一段，因為太多事不是我們努力就會有好結果，甚至根本非你我能夠掌握。我們的憂煩掉淚，鮮少為了自己，多是為了父母、子女。但至少每過一關，我們就能升一級。這裡的過關，指的並不是「過關斬將」，真的僅僅是「經過這一關」的意思：至少我知道了這是怎麼一回事。

過去的我總自豪：「有問題，就解決它。」但進入包山包海的總匯三明治階段，歷經太多「解決不了」及伴隨而來的沮喪、自我否定，我終於開始學習「不再苛責自己」，並看見自己的努力。

有時候對自己最嚴厲的，不是別人，而是我們。那是不是我們就不要這樣用力的責怪自己了？

如果我所面對的，也是你的一部分人生，就讓我們一起攜手晉級吧。

About Me

第一重宇宙：我的人生意外

莫非這是老天爺給的任務

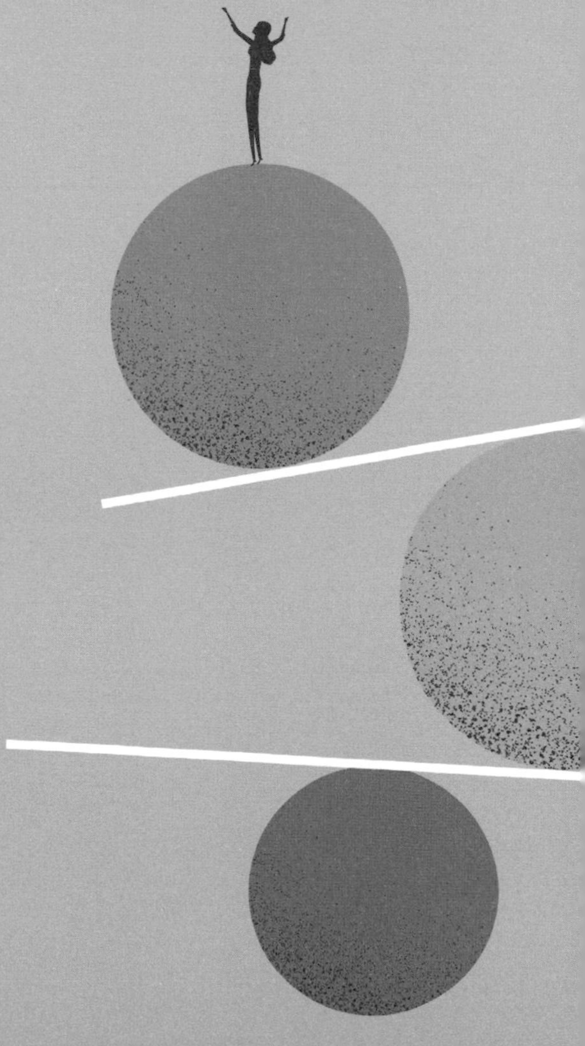

意外照到「毛玻璃」的那一天

01 /

冥冥中的安排

那真的是個意外。對我來說，我那天只是去「工作」而已。

知名的健檢單位「北投健康管理醫院」每年都會找一位名人合作，一同推廣健康檢查的重要性。二〇二〇年我在飛碟電台的節目《生活同樂會》，曾多次邀請該院的副院長及醫師群，上節目聊癌症與健檢，也因此受他們邀請擔任二〇二一年的年度合作對象。內容很簡單：醫院會安排我做一套高階健康檢查，而我需要配合媒體露出報導，包括錄製廣播衛教宣傳，強調自己對健康很重視，並選擇由北投健康管理醫院來守護我的健康（笑）。另外就是要接受雜誌記者專訪及拍照，談談自己與家人如何看待健康，並提醒大家定期健康檢查的重要。

我還記得那天是一月二十三日星期六，距離農曆過年只剩半個月左右。由於我的媒體露出預計三月正式上線，所以一定要趕在農曆年前完成採訪。當天的行程安排完全符合我的工作習慣：能塞多滿是多滿！早上先做全身健檢，下午接受媒體專訪及拍照，全部工作預計在傍晚結束。

一早六點多，我跟我先生就抵達醫院。是的，我覺得我家最該做全身精密健康檢查的根本不是我，而是已經有十多年菸齡、工作高壓、應酬喝酒樣樣來的先生！雖然他們公司每年都有員工健檢，但多為基本項目，所以我拉著他一起做一次徹底檢查。坦白說，我很擔心他的健檢結果，我覺得他可能會有三高問題，肺部跟肝功能也令人憂心，搞不好冠狀動脈都有鈣化前兆。

沒想到最後結果，他好得不得了（我這什麼反應），出事的居然是我。

02
/
壞消息

北投健康管理醫院最令人喜愛的點就是快！狠！準！

一個早上就做完全身（包括頭頸部、上腹部、骨盆腔、全脊椎、腦血管和乳房）零輻射磁振造影（MRI）、冠狀動脈鈣化指數分析、骨質密度、無痛大腸鏡、無痛胃鏡、彩色杜普勒高解析全身超音波、心電圖、全套血液檢測、自律神經檢測，以及這兩年多來我大概講過八百次的肺部「低劑量電腦斷層掃描」（LDCT）。（在此之前我真的沒留意過這項檢查，當然也從來沒做過，只做過胸部X光檢查。醫院說以我的年齡來看，真的應該要做一下，也建議我先生一起做。）

全部檢查做完後吃個午餐，就可以看報告了，完全不浪費時間，非常適合我這種超級忙碌、不喜等待的人。

因為檢查結束後，我還必須繼續下午的受訪及拍照工作，所以我請先生先回家，不用等我。早上檢查時頂著大素顏，所以我三口兩口扒完醫院準備的午餐後，就忙著打開我那裝滿衣服、化妝品及吹風機的行李箱，開始梳化。在迅速換裝完畢、上好妝、貼好睫毛、捲好頭髮後，工作人員剛好來敲門告訴我報告出來了，請我去聽結果。

在診間等著我的，是多次上我節目的錢政平副院長。看著老朋友的熟悉笑臉，我還真沒想到他要告訴我的是壞消息。（欸不是，我說副院長，這戲裡都不是這樣演的啊！如果你要跟病人宣告他得了癌症，不是應該眉頭深鎖，先請對方冷靜，仔細聽你說嗎？你怎麼會帶著這樣令人安心的笑容呢？）

其實原本我比較擔心的是腸胃跟乳房，因為我的腸胃功能一向不是太優秀，家族則有乳癌病史（親阿姨），沒想到以上檢查都還不錯。錢副院長掛著淺淺微笑，很快帶過：

「妳這些檢查都沒什麼問題，心血管、腦部檢查也可以說是一百分，不過有個東西稍微麻煩一點。」

出問題的是我萬萬想不到的地方：肺。

「妳的左肺葉下半部照到了一個〇．九公分大小的陰影，而且是我們比較不喜歡看到的『毛玻璃狀結節』：看起來不是實體，有點半透明狀態。我們醫師很少會說什麼事情是百分之百，但我可以告訴妳，這個東西八〇%以上機率都是壞的。還好這非常初期，依我判斷就算不是零期，最多也就是一期。我們趕快安排手術，把它切掉就沒事了。」

事後大概有一百個人問過我：「妳當下聽到，有沒有覺得晴天霹靂？」真的沒有。我當下冷靜到好像在看別人的事，彷彿眼前這個電腦斷層根本與我無關。

「所以這應該是癌細胞？」

「嗯，幾乎可以斷定是。」

「這是可以手術切除的？後續還需要做其他治療嗎？」

「不用。一般小於〇．八公分，我們會建議可以再追蹤觀察看看。若大於一公分，就建議趕快開刀，因為通常這階段判定會超過一期，未來的擔心自然也會多一點。妳這個〇．九公分剛好是初期病灶裡，相當適合開刀的大小，趕快開掉，後續只要定期追蹤就好。而且現在技術很好，就開個小洞，恢復很快，胸腔外科醫師每天都開好幾台（刀）。」

「所以跟我一樣的人很多嗎？」

「多啊！我們一年至少照出五十個。很多都跟妳一樣，從來不抽菸。妳這大小真的很初期，倘若再放個一、兩年，會變成怎樣就真的很難說了……」

聽到這裡，我笑了。

「那不還好我今天有來，感覺我還滿幸運的嘛！」

「一般照到東西還這樣說是不太合適，不過蕭主播，妳這真的算幸運。」

副院長問我想看哪位醫師？他們直接幫我掛胸腔外科。我選擇離家較近的台北榮民總醫院，他說後續安排好再通知我。

接下來我走出診間，直接前往會議室，接受原本排定的《今周刊》記者拍照及訪問。我沒有要求十分鐘整理一下心情，也沒有說「請先讓我打個電話」。我依照原定受訪內容，跟記者聊著自己是如何看待健康這件事：身為資深醫藥記者，理當對自我健康照護格外注重，但我恰好相反，總以為自己是鐵打的。過去還曾因工作太拚、太累而患上急性腎盂腎炎，引發敗血症。那陣子曾一起在新聞圈打拚的兩位朋友，先後無預警因病離世，再次驗證了「媒體工作者的壽命似乎特別短」。

嘴裡說著的，是生命無常讓我意識到該好好注意自己的健康，但當時我心裡真的覺得這一切實在太諷刺、太荒謬了！要不是因為接下了這個代言推廣的工作，我可能還是會以「太忙、沒時間」或「我沒有家族史，應該不用做這麼高階的檢查」為由，只做一般健檢，甚至打算隔年再做。

果然，所有事情的發生都有其意義啊！

03

我很幸運

我一直記得這一幕。

當天所有採訪、拍照工作結束後，我一個人拖著行李箱，站在新北投捷運站前。從早上六點一路忙到晚上六點，我真的很累了，但我呆站在路邊，望著已全黑的夜空，想著我下一步該怎麼做？

我是不是該跟誰說說這件事？如果是，那我該打給誰呢？

第一個想到的當然是先生。但當下我先生跟小孩在一起，我怕孩子們聽到對話會擔心，而且有極高機率會走漏風聲，讓最不能知道的人知道：我的高齡父母。我媽一直以來都是全宇宙最悲觀者前三名，要是讓她知道我疑似罹癌，不得了！她肯定吃不下、睡不著，終日以淚洗面，彷彿女兒已經一隻腳踏入棺材。至於我爸，雖然表面上跟骨子裡都是個硬漢，但他真是全世界最最寶貝我的人，他的擔心不會亞於我媽，只是不說出口。所以當下我便決定，在動完手術前，絕對不能讓爸媽知道這件事。

在夜色中獨自思索約莫十分鐘，我拿起手機撥給先生，簡單告訴他工作已結束，檢查結果有點小狀況，但無大礙，見面再說。然後我拖著行李箱搭捷運，趕去跟家人會合，什麼都沒說，開心吃晚餐。

所以我要再次寫下這兩年我講了無數次的答案：當我得知自己極有可能得了肺腺癌的那一刻，我沒有晴天霹靂，更沒有痛哭流涕，而是笑著跟醫師說「我很幸運」，請他們立刻幫我安排接下來的醫療。

而這一切，我都是獨自完成的。

我常接到許多人崩潰的簡訊，少數是本來就認識的朋友，百分之九十是粉絲或不認識的網友。我總是第一時間放下手邊的工作回覆他們，因為我知道一般人突然被告知可能罹癌，一定非常錯愕。也許有人跟我一樣，不知道該跟誰講，所以選擇邊哭邊打簡訊給「生活中不直接認識」，但能信賴的「過來人」，那種心情應該就像在海上試圖抓浮木。這兩年下來，多數收到的信息都遠比我的狀況好，像是照到的結節比我小，或者並非毛玻璃狀，也沒有醫師斬釘截鐵說這個八〇%以上機率是壞的。

但為什麼大家會這麼慌、這麼害怕？後來我才理解他們都是正常反應，不正常的是我。可能是我性格本來就比較堅毅、獨立，人生遇過的坎也夠多，像這種沒有立即生命危險的事，很難在我心中掀起波瀾；另一個關鍵原因當然也是因為我知道的醫療資訊夠多。

04 / 開還是不開？

四天後，我走進了台北榮總湖畔門診大樓胸腔外科主任許瀚水醫師的診間。在候診區等待時，我看著門口的醫師名牌，心裡想的是：

「這醫師出生時，一定有算命老師跟他爸媽說這孩子命中缺水，而且是缺很多很多水，所以才要取名為『瀚水』。」

現在想想我真的異於常人，怎麼可以不緊張到這種程度？我是來確認自己是不是得了癌症耶！心裡居然還想著這些五四三。

許主任檢視著我的電腦斷層影像，指著那個毛玻璃狀結節說：

「它現在照起來是〇．九公分，加上妳是第一次照到，有些人會等三個月後再回來照一次CT（電腦斷層掃描；其影像比LDCT更清楚），看看有沒有什麼變化，再做進一步決定。」

「為什麼要再照一次？」

「因為有些結節可能是發炎，有些照的角度不夠清楚，確實有少部分的人回來照第二次，就發現變小，甚至不見了。」

「可是這個照得很清楚啊！而且北投健康管理醫院的LDCT影像跟判讀應該都滿準的吧？」

「確實也是。」

「那我再請教您，依照您的經驗，我這顆三個月後會消失的機率高嗎？」

「應該是不太可能。」

「那如果三個月後它還在，您到時會怎麼建議？」

「通常這大小，我們還是會建議開刀拿掉。」

「那幹嘛還要等？就趕快排一排開刀啊！」

這時我先生突然開口了：

「所以醫師您的意思是，『現在』沒有一定要開刀？」

「是啊，因為這大小及整個肺部狀況看起來沒有立即危險，要先擺著觀察也不是不行。像我有個病人，十年前照到一顆大約一公分的結節，當時他決定不開刀，每年定期追蹤，結果真的十年都沒有任何變化。」

「十年都維持一樣？那我這顆到底是養了多久，才變成這大小的啊？」我忍不住插嘴問。

「這真的沒辦法回答，有可能十幾年前就有，也可能是這幾年突然長出來的。如果妳之前就照過LDCT，發現一年內從〇．五公分長到〇．九公分，當然就會建議立刻開刀拿掉。還有，大於一公分的，病變速度可能比較快，我們也會建議開刀。小於〇．八公分的則建議可以追蹤觀察。因為妳的大小剛好介於中間，是可以考慮要不要等等看。」（附注）

「那我們就先不開好了，三個月後再來檢查。」

聽到我先生蹦出這句話，我驚訝的回頭看著他：

「為什麼不開？就趕快處理掉啊！」

此時診間裡瀰漫的尷尬氣氛，許主任看似很熟悉。他說：

「沒關係，你們可以先出去慢慢討論，不急，決定好了再告訴我。」

我和先生走到人較少的長廊上，有點激動的各自堅持著：

「開刀這種事，就是能不開盡量不要開。加上妳是開肺，這不是小手術，沒人能保證過程中不會出任何意外。妳以前不是報過很多這樣的新聞？」先生說。

「但你也聽到了，三個月後再照，也不會有什麼變化，到時候還不是要開？」

「不一定要開啊！也可以一直追蹤下去啊！就像醫師說的那個病人一樣，不一定會惡化。」

「這東西是長在我的肺裡！不是你的。我沒有辦法帶著一個不定時炸彈過日子啊！只要它還在，我就要天天擔心它有沒有長大？有沒有惡化？每次追蹤檢查都要再等宣判結果，這實在太痛苦了！你知道我的個性，我這輩子逃避過什麼事了？」

我先生靜默了。

附注

根據台灣肺癌學會發布的《低劑量胸部電腦斷層肺癌篩檢手冊》，當電腦斷層下發現有多顆肺部結節，體積愈小者，癌變可能性往往愈低（但非一定）。結節大於一公分以上須特別注意，外科醫師建議手術切除的腫瘤大小約為〇·八公分，術後並配合適當的追蹤觀察。台灣肺癌學會也表示，一般肺部結節在〇·三公分以下，可於一至二年後再追蹤；〇·五公分左右的結節，建議六個月到一年內追蹤。有些人肺部結節數量眾多，但不一定每顆皆為惡性（許多是肺部發炎留下的痕跡），因此最重要的是配合醫師與篩檢程序，及早發現結節是否有變大、病變的跡象。

「老公，我知道你擔心我。但你不要怕，因為我也不怕。現在不開，一旦惡化就不只是手術那麼簡單的事了。我們相信許主任吧，這刀他真的開很多，我不會有事的。」

「好吧，妳自己決定。但若是我，我是鐵定不開的。」

明明擔心得要命，最後還是故作冷淡的撂句狠話，果真天蠍無誤。（我心想：真換作是你，你一定六神無主，最後也是我幫你決定啦！）

05/

待辦清單

重回診間，許主任正在跟一位看起來不到三十歲的年輕女孩溝通，女孩的情緒有點激動。

輪到我。我霸氣（？）的跟主任說不用再等三個月，現在就來安排手術日期吧！由於當時已接近農曆年，一旦我去開刀，家裡過年氣氛鐵定受影響，我也無法好好為家人準備年夜飯。況且接下來還有好幾個早就答應好的工作，我不想讓合作夥伴得慌亂找人，電台節目更需要預錄或是找代班主持。於是我請許主任幫我安排三月中動手術，讓我有一個多月的時間，盡量把可以先安排的事情都準備好。

然後我好奇的問：「剛剛那女孩兒的狀況跟我一樣嗎？」

「她比妳照到的小很多，才〇．六公分而已。我們一直勸她先不用急著開刀，如果真的很擔心，就密集一點追蹤。但她非常堅持要馬上開刀切除，因為她媽媽也是肺腺癌，且發現時已經是晚期。有家族史，確實會比較緊張。」

我對那女孩印象很深，因為才二十多歲就發現，真的好年輕啊！後來一路上遇到的「病友」，不論是榮總中正樓十五樓的「同梯」，或是我得到肺腺癌的消息在媒體上披露後，私下告訴我也是過來人的朋友，以及我所接到的無數私訊信件……幾乎都是年紀並不很大的女性，且都不菸不酒，也不常下廚。有醫師認為空汙絕對有影響，當然也有針對台灣女性基因做的統計研究（這些會在下一篇詳述）。

跟醫師約定一個多月後開刀，接下來這段期間，我過得與平常沒兩樣：照常主持每天早上的帶狀現場節目、錄影、受訪、主持活動、開團購、煮飯、帶小孩。因為手術及後續療養必須請假，還得預錄節目，所以事實上比平常更忙。這事兒在家裡，只有我先生知道；在公司，只有我的製作人跟電台台長知道。我請同事幫我保密，讓我能在不被打擾的情況下，把該做的事情完成，安心去開刀。

我問過醫師，術後多久可以恢復上班？他說很快，術後隔天就可以拆引流管，沒什麼狀況的話，再隔天就可以出院了，還說有病人術後一個月就去跑馬拉松了呢！我真心覺得這醫生很逼人，但很適合我，因為我就需要這種正面例子來讓我自己充滿信心：「他可以，我一定也可以！」（是指可以恢復得很好，不是指去跑馬拉松……）

所以術後我只給自己十二天時間休息，我告訴自己一定要在預定時間回到工作崗位。這期間電台的節目，有五天我在入院前以預錄方式完成，另五天請代班主持人幫忙。從確認癌症到開刀只有一個半月時間，中間還歷經農曆春節假期，在僅剩時間裡得把住院後的預錄節目、其他手邊工作，乃至於小孩上下學接送等問題都安頓好，真的讓我忙得不可開交。所以我根本沒時間胡思亂想，也沒時間害怕。

當然，忙到夜深人靜時還是不免會想：從不抽菸、沒有家族病史、沒有明顯二手菸危害、不焚香拜拜、也不是天天下廚，「這東西到底為什麼會來找我？」不過這種得不到答案的胡思亂想，我最多只會容忍自己想兩次。我寧願把時間花在了解手術的方式、內容，找尋身邊曾跟我一樣的例子，了解他們手術後的狀況，以及需要做什麼好讓自己盡快恢復正常等。

所以如果正在看著此書的你，也遇到相同狀況，真的不要太擔憂、不要太緊張，該做的事趕快做，還能觀察的就觀察。日子不但要過，而且要好好的過。

得不到答案的胡思亂想，

最多只能容忍自己想兩次。

第一次萌生「我是要死了嗎？」的念頭

01／新癌王

有位女性友人健檢時，同時照到三個毛玻璃狀結節，一次切除。

另位朋友也是健檢發現有異，手術後確定是肺腺癌。她沒有家族史，醫師直指可能和她的工作有關：她是學校老師，十幾二十年來，每天早上上學、傍晚放學時段，都在學校門口的馬路上引領學生進出校門。醫師判斷空氣汙染（長期直接吸入廢氣）是令她致癌的主因。而這話也讓她決定辭去教職，提早退休。

同在媒體圈的一位女同事，於員工健檢時透過X光照到異狀，到醫院進一步做電腦斷層掃描（CT），確認是大於一公分的實心結節，門診醫師判斷其良性機率大，建議她可暫不處理，持續追蹤；若真不放心，也可以開刀拿掉。朋友考慮再三，最後選擇開刀。不料手術進行到一半，醫師突然跑出來跟她先生說，切進去後發現是癌（癌變部分被包在看似良性的腫瘤組織裡），當場良性變惡性。（後來她跟我說：「那不還好我有堅持要開刀！」）

還有一位女性友人也是透過健檢發現〇．九公分大的毛玻璃結節，由於從祖父輩開始就有相關病史，父親更是兩度肺腺癌，所以她當下立刻決定動刀。但這結節位置長得很不好，極靠近主動脈，醫師事前就預告有五〇％機率會傷及主動脈。要開？不開？

她當年才三十六歲，最小的孩子才一歲多。她說當時她沒時間害怕，心中只想：至少有一半機率不會切到主動脈吧？進手術室前她先寫好遺囑，還簽了器官捐贈同意書，結果那五〇%的機率還真被她碰上！手術過程不慎切到她的肺動脈，造成大量出血，輸了幾千cc的血液，從早上八點開到下午五點，醫療團隊終於把她從鬼門關前搶救回來。通常耗時兩、三個小時的手術，她開了九個小時。

事後她當然花了比較多時間休養，但問她有沒有想過萬一真的走了，最不甘心的事是什麼？她想了想：「應該是我『人生清單』裡的滑雪，還沒學會吧。」

寫這些是想告訴你兩件事：

第一、肺腺癌在你生活周遭出現的機率，比你想像還要高！但只要發現得早，盡快處理，對生活影響真的不大。像是最後提到的這位朋友，我才剛從臉書上看完她在北海道雪場滿場飛的帥氣影片。（是的，她身體恢復後，立刻去把人生清單裡的滑雪給學起來了。）

第二、健康檢查很重要！但要能在零期至一期就發現，通常必須做「低劑量電腦斷層掃描」（LDCT）。肺部X光能照到的癌變常是二期以上，只有LDCT抓得到初期病變。

根據二〇二三年底，國健署公布的一一〇年十大癌症資料，肺癌首次擠下蟬聯十五年冠軍的大腸癌，成為「癌王」，也宣告「台灣肺癌世代」正式來臨。當年度總共新增一萬六千八百八十名肺癌患者，女性新增發生率更是連續三年高過男性。而我，正是其中之一。

在西方國家，罹患肺癌的大多是男性，女性不到三成；為何台灣女性肺癌新增率持續攀升，還超越男性？女性明明抽菸率較低啊！專家們推估出四大原因：

一、女性較注重健康：比較有意願主動進行篩檢。

二、女性基因穩定性較低：當人體細胞遭受外來物侵犯時，身體會想辦法修復，但女性天生基因穩定性較低，若男性跟女性在同年、同月、同日開始抽一樣多的菸，女性會較早得到癌症。以台灣肺癌患者的發病年齡來看，女性就比男性年輕五歲。

三、基因突變：根據中研院研究發現，台灣肺腺癌患者超過五成具有EGFR基因突變，尤其六十歲以下的女性超過七成都有這樣的基因突變。

四、飲食習慣：主要是炒菜油煙造成的室內空氣汙染。

不論男性、女性，想要戰勝肺腺癌最好的方法，就是進行篩檢、提早發現，因為零期至一期的初期患者透過開刀切除腫瘤後，基本上就算治癒了。像我這種零期患者，開完刀後甚至不被當作「癌症病患」。我還記得術後經過病理檢驗，確認是零期（原位癌），我問我那二十多年好友的保險專員：

「那我的癌症險跟重大傷病險會獲得理賠嗎？」

「不會喔！原位癌現在已經『不算』癌症了喔！」

「什麼？那一期呢？」

「一期有。」

「為什麼？零期跟一期治療方式一樣啊！都是切除，也不用後續治療，為什麼一期賠、零期不賠？早知道……」

好友立刻笑著喝斥：「喂喂妳想幹嘛？不要亂講話。」

透過LDCT揪出的早期肺腺癌，有很高機率是原位癌，代表癌細胞僅存於肺腺，無淋巴結轉移，也無遠處轉移，腫瘤通常小於一公分，切除後基本上就是「痊癒」。所以千萬不要怕進行手術，能進行切除，都是很幸運的！

02 / 學呼吸

「左下肺楔狀切除手術」，這是我診斷證明書上寫的手術名稱。說真的，「開肺」聽起來好像很恐怖，但實際上我術後第三天就出院了，傷口還不需要拆線，因為沒有縫線。

目前的肺癌精準手術「看起來」真的很簡單。傳統開胸手術會在肺部留下又長又大的傷口，但我所做的單孔胸腔鏡微創手術，只需要在腋下開一個切口，才兩、三公分長。記得術後拔除胸管時，我看到醫生把管子拔出來，直接就在切口貼上小小的免縫膠帶，我還驚訝的問：「就這樣嗎？這樣傷口不會裂開嗎？」

醫師酷酷的說：「不會啊，這樣不是很好？連拆線都免了。」（當時我心想：哇塞！我開肺欸！這種大手術居然不縫……）

預定的手術時間是星期二，我提前在週日晚上入院。隔天、也是術前一天的下午，主治醫師許瀚水主任先為我進行術前說明，基本上就是確認一下手術名稱、病灶位置，然後有一堆單子要簽名，如果需要術後的自費疼痛控制，這時候記得跟醫護說。當天也來了呼吸治療師，教我如何利用「三球式呼吸訓練器」進行呼吸訓練，幫助術後肺部擴張。這東西滿好玩的，一根管子加三顆浮球，吸氣時可以透過浮球上升的高度，得知自己肺活量是否有進步。（只是手術過後我都沒用它，因為醫師建議直接去走路，沒有任何方式比走路更有助於訓練肺活量。）

我對呼吸訓練教學的印象很深，因為不是一對一教學，而是所有隔日要開刀的患者集合起來，在一間會議室裡「統一教學」。那天大約有十幾個人，肺癌患者應該占大多數。大家彼此打量，我猜那幾個看起來五、六十歲，菸齡也許有二十年的大哥們心裡可能在想：「這看起來年紀小小的女生，也有肺癌喔？」我注意到房間裡男性居多，但有一位跟我一樣瘦瘦的，看起來也是四十多歲的女性，愁容滿面。

那場面很詭異。一群隔天都要進開刀房開肺的人，彼此誰都不認識誰，擠在一起學呼吸。但因為這樣，我突然覺得自己不孤單。原來就只在一間醫院裡，就在這一天，竟有這麼多人跟我有著相同的命運。

我默默掃過所有人的臉，內心暗自祝福每個人，當然也包括我自己：

「手術大成功！」

03 /

手術日

隔天手術日，因為我是早上八點第一台刀，七點多就要去電腦斷層室報到。這是進行肺腺癌手術前，最重要的事情之一：透過電腦斷層掃描及穿刺染色，精準定位病灶（腫瘤）位置。

先了解一下：我們的肺分左右兩邊，右肺比左肺稍大，右肺分上、中、下三葉；左肺分上、下兩葉。我的腫瘤發生在「左下肺葉」靠近邊緣處，當我知道手術要「怎麼切」時，我再次覺得自己實在很幸運！

你以為的腫瘤可能是一塊突起物，很容易摘除或切除。不過肺腺癌腫瘤可不是這樣，它是肺葉組織上的細胞癌化。你想像一塊豬肝上有一個小黑點，那個地方壞了，大概就是這樣的概念。會這樣形容是因為醫生有給我老公看我切下來的部分，見血會昏倒的我老公當場呆住，醫師還提醒他：「你不拍照嗎？我覺得你太太醒過來後可能會想看。」（醫師非常了解我）

因為不是「另外」長出來的一顆東西，沒辦法「摘掉」，也不確定在你看不到的黑點表面下，是不是已經有擴散出去更多壞掉的地方？所以只能直接切掉那塊「壞掉的肺葉組織」。

目前治療早期肺部腫瘤，原則上都會使用「胸腔鏡肺楔形切除術」，讓切除的面積可少於一塊肺葉。要知道：肺葉切除後是不會再長出來的，空出來的地方，剩下的肺組織或橫膈膜會「填空」。許主任解釋，肺臟就像是空心氣球，右肺有上、中、下三葉，可以想像成右邊胸腔裡塞了三個氣球，你拿掉一個氣球，另兩個氣球就會擠過來，或橫膈膜會往上頂來填補。

因為肺葉不會再生，所以切得愈小、留得愈多，對患者未來的恢復當然愈好，因此下刀位置一定要精準。但初期腫瘤可能不到一公分，像我最後切出來，確認病變腫瘤的大小是〇．八公分；有些腫瘤更小，比如才〇．六公分的手術，下刀位置要準確，就得先靠電腦斷層掃描定位。

若你聽過「胸腔電腦斷層切片檢查」，這兩者基本上施作過程一樣。由醫師透過電腦斷層掃描下的清晰影像，將一根長長的細針，經皮下穿刺到胸腔內的肺臟，並精準刺在病變的部分，進行切片檢查。而肺腺癌術前做的定位，就是透過完全一樣的方式，將病灶位置染色，好讓醫師稍後在胸腔鏡手術時能精準下刀。

這個檢查不太舒服。首先，檢查室很冷，而且要穿刺的地方不能有衣物遮蔽，所以我真的是冷到發抖。再者，醫師確定下針部位，消毒過後，你就要聽從醫師指示憋氣、呼吸，過程中絕對不能動，也不能咳嗽，否則會影響穿刺位置。我是趴著，從背部左邊肩胛骨旁下針，試想那麼長一根針，從你的背緩緩刺進去，推進時要憋氣，停住時才可呼吸，反覆直到針推進到定位點。

一位同樣做過肺腺癌手術的女性友人，後來問我有沒有覺得那個過程很不舒服？我說有啊！而且會痛。她說：「對啊，不過妳才一顆，我是三顆，分在左右兩邊，所以要刺三針，術前光是定位就搞了超久。」

前面提到當我知道手術要怎麼切時，再次覺得自己幸運，主要是因為醫師不是只切掉「壞掉」的那個點，而是「上、下、左、右」都要延伸出去，有點像以病灶為圓心，切掉一個大範圍的圓。這很合理，因為不確定周遭還有多少組織變異，安全起見必須這樣切。以我為例，我的病灶才〇．八公分，但我必須切除的「半徑」是四公分。幸運的是，我的病灶位置在左下肺葉邊緣，所以切掉的部位少一些。如果位置偏中間或上面，我就要再多切除至少三分之一的肺葉組織了。

在零期就發現癌細胞，位置又在邊邊，不但「好切」很多，必須切除的範圍也能少一些，這不是大大的幸運嗎？

做完病灶定位後，就直接推去手術室了。躺在手術室裡，說完全不害怕是騙人的，在你被麻醉睡著前，最後一個跟你說話的，通常是麻醉科醫師。那天幫我執行麻醉治療的是台北榮總的丁乾坤主任，他提到，肺部手術跟其他全身麻醉手術比較不同，必須使用一種特殊的「雙腔氣管內管」來維持單肺呼吸，這種管子管徑較粗，所以術後可能會覺得喉嚨不舒服，但通常幾天就會恢復。

我記得當下我還很緊張的問：

「那會影響到我的聲音嗎？我靠聲音吃飯的。」

他笑著說不會啦，如果真有什麼不舒服，可以隨時跟他們說。（不知他心裡會不會想：這人不擔心肺，光擔心聲音好不好聽，是怎麼回事？）不過真的很謝謝丁主任溫柔穩定的向我說明麻醉過程，讓我放心不少。

只是當時我真的沒想到，在恢復室醒來時，我竟會感受到人生中第一次的「極度恐懼」。

04

吸不到空氣

這輩子到目前為止，我第一次萌生「天啊，我是要死了嗎？」的念頭，就是肺腺癌手術後，麻醉退去，醒來的那一秒。

不是因為疼痛（如前所述，開刀的傷口很小），是因為我一醒來，覺得自己好像吸不到空氣，有種窒息感，想叫卻叫不出來，喉嚨發不出一點聲音。我沒有溺水過，不知道是不是類似那樣的感覺？

至於為什麼會如此？我覺得可以這樣想像：手術過程中，開刀的那側肺部類似處於真空狀態，肺泡會被擠壓扁掉，你需要比平常更用力的深呼吸，才能撐開它。這也是為什麼術前要上呼吸訓練課，因為術後肺活量會大減，要努力復健。

不過那些衛教單上的文字看起來「太正常了」，無法讓我聯想到它其實就四個字：「呼吸困難」，尤其是剛從麻醉中甦醒，意識模糊中只覺得「啊！怎麼吸不到？」想深吸一口氣，又因為牽動到術前電腦斷層定位的探針傷口，一股刺痛感從後背拉到前胸，讓我極度不適。

恢復室的醫護人員趕快告訴我，這感覺是正常的，也在我要求下幫我止痛，讓穿刺傷口的疼痛感降低。我的手術很順利，兩個多小時就結束，反而是在恢復室待的時間比手術時間還長。我只記得比我晚開完刀的人都回房了，只有我還賴著不想走（誤）。

隔年新冠肺炎大舉襲台，有位也開過肺腺癌手術的粉絲，提到她確診後的症狀：「血氧超低、劇烈咳嗽時痛到感覺像被卡車輾過……多數症狀跟我們當初開完肺時很像，只是手術後的強度高出許多。」我當下才發現真的是這樣欸！

術後第二週我自己在臉書上公布病情，提到現在處於「只要打噴嚏或咳嗽，胸背就像被卡車輾過一樣痛」的狀態，被各家媒體當作大標題，害我回診時還被許主任唸了半天。

不過我覺得還是要讓大家知道術後可能會有的感覺，這樣遇到時才不會慌張嘛！所以這些年我只要收到粉絲來信，說自己也照到東西、要去開刀，我一定會先提醒他們：

「術後醒來可能會覺得自己吸不到空氣，這是正常的，不要恐慌。你都已經醒來了，就代表手術很成功，你不會死的。乖！別怕！勇敢的去開刀！」

05 /

日行萬步

有人問我：「肺腺癌手術後，身體恢復快嗎？」這問題因人而異，而且差距可能很大。

我自己術後第二天就拔引流管，第三天就出院。多數人有的咳嗽後遺症，我只在術後一、兩天稍微咳了一下，到開刀後第六天，完全不會咳，也完全沒有痰，甚至已經不會喘。以「簡易呼吸訓練器」測試自己的肺活量，術後五天就已經恢復到術前指標。（其實我開刀前，肺活量也不怎麼樣，果然沒運動是不行的。）

我的專業保險經理人好朋友聽了很驚訝，因為她有不少客戶跟我一樣開肺手術，但恢復狀況不像我這麼好，有人已經快半年了還在咳，而且是講幾句話就咳，所以根本無法工作（她是業務）。後來我有次和同樣是肺腺癌初期就發現，並且開刀治癒的台北市議員鍾沛君一起上節目，聽到她講話講一講會咳幾聲，關心她還好嗎？她也說是術後留下的小後遺症，不過那時距離她手術已將近一年。

我問她當時有沒有乖乖「日行萬步」復健？她苦笑搖頭：「沒有。」

所以我在此要大聲疾呼：肺癌手術後，立刻開始日行萬步，真的是全天下最好的復健！

我不咳、不喘，能在不到兩週就恢復連講三小時的廣播工作，靠的就是天天認真走超過一萬步。除了我的主治醫師殷殷叮囑，在我公布開刀消息後，至少接了五位醫院院長好友打來關心的電話，全都是要我注意練習呼吸，「要趕快讓肺泡長回來！」

我開刀當天下午回到病房，就一路昏睡到晚上，隔天尿袋掛著，引流管插著，呼吸時都還會痛，就被護理師催促去走路。而且這個是要記錄繳交的功課喔！一天沒走到一萬步，就會持續「被關切」。

你可能好奇，在病房裡怎麼走路？有機會你真的要來台北榮總中正樓十五樓的胸腔外科病房看一下，整層樓、一整天，都是推著點滴架及胸瓶在不停繞圈圈走路的人，人多到不小心還會跟對向來的人相撞咧！實在是個奇觀。

我剛開始因為肺活量跟體力都太差，走得慢，常被「超車」，真的很不想走。覺得剛動完這麼大的手術，不是應該多休息嗎？怎麼不讓我好好躺著，一直趕我去走路？但因為整層樓大家都在走（包括術前一起上呼吸訓練課的「同梯們」），加上護理師說一萬步可以分次走完，才乖乖認真走路。

我週二開刀，週三開始日行萬步，週四拔引流管，週五出院。本來許主任還問我要不要開刀隔天就出院（他有病人真的是這樣）？我說拜託，不用這麼拚吧？讓我住個兩天再出院，因為一回家我就沒得休息啦！

出院時許主任只給了我三條醫囑：

一、繼續多走路，至少每日一萬步，走路時要配合有意識的深呼吸。

二、不可憋氣、不要擴胸。

三、不要拿超過三公斤的重物。

我非常認真的執行日行萬步，並每天記錄：

──術後第一週，平均每天走一一五七三步。

──術後第二週，平均每天走一四七七六步。

──術後第三週，平均每天走一五八八七步。

術後第二十四天，我利用呼吸訓練器想看看自己肺活量恢復得如何？竟然可同時吸起三顆球，並持續十五次以上，達到男性肺活量標準。術後剛回家時，我連一顆球都吸不太起來，但靠著努力走路、認真呼吸，術後三週多，雖然我少了一大塊肺葉組織，但我能使用的肺活量卻比手術前還好！（當時還因為天天走路瘦了三公斤，真是意外的收穫。）

雖然深呼吸時，肋間還是會抽痛（附注），但我仍努力做，因為歷經這次手術我才知道：每一次的深呼吸，有多珍貴！

附注

單孔胸腔鏡微創手術因為只有一個切口，不用拆線，回家後只要注意傷口不能碰水，按醫囑換藥即可，傷口也不太痛。但多數人在深呼吸時，肋間會有抽痛感，這是因為手術過程中會造成肋間神經受傷，通常術後三個月內會慢慢消失。有營養師建議可以補充一些跟神經修復相關的營養素，例如 B_{12}，但我沒有特別補充，這種神經抽痛感會自己好的。

給
感到害怕
的你

想著很多人有著相同的命運，
就會覺得自己不孤單。

還好癌細胞找上的是我

01／公開病情

我三月十四日晚上入院，三月十六日開刀，三月十九日出院。早在一月底排定手術日期後，我就著手安排工作。當時我給自己的要求是：節目的「現場live即時播出」型態，最多只能停兩週。所以入院及術後回家休養那兩週，我規劃一半事前預錄，一半請代班主持，穿插播出。但熟知我工作性質的媽媽覺得不對勁，我出院才兩天就打電話來問我是出了什麼事（果然知女莫若母）？臉書粉專上也很多人問：「彤雯姐是跑去哪玩了？怎麼都沒發文？」

於是在先跟父母報備完畢（其中大概三分之二都在說我有多幸運），我在術後第六天於臉書公布了這消息，並向大家報平安。我當然知道這消息會上新聞，但沒想到各家網路媒體會重視到以「推播」方式傳送，電視台也在跑馬燈跑快報，搞得明明是零期的原位癌，看起來好像末期……

「我得肺腺癌是跟發生地震一樣重要嗎？」我不禁苦笑。

之前就知道這事的，只有我先生、婆婆（因為住院那幾天要請她到我家支援照顧小孩）、助理、兩位電台同事，以及我的保險專員。她問：

「妳這消息要公布嗎？畢竟很多人忌諱讓人知道自己生病，我不少客戶就很低調，能瞞就瞞。」

我想了想，笑著說：

「我好像向來沒什麼忌諱，況且如果能因為我，讓更多人警覺該為自己做個檢查，不是件好事嗎？」

02 /

第二次天意

出院後只在家休息一天，我就陪同大女兒去考全民英檢。在台大校園中巧遇好友，我跟她提了「前天剛出院」。她聽完我說的經過，看了照片，一度驚訝得說不出話：

「妳怎麼能這麼淡定？好像在講別人的事。」

想了想，我真的是個超級怪人。同樣事情如果發生在親友身上，我鐵定說著說著就心疼掉淚。我的感性模式總在面對別人時，開啟到最大模式，但對自己的一切，卻理性到近乎冷酷。

我一直認為，每件事的發生，都有它的意義，只是當下我們或許看不出來。

我相信這回老天爺用一個不算小，卻能不留下任何後遺症，還能讓人生下半場繼續精采的手術，除了是要警告我：「妳以為妳是鐵打的，但妳不是。」一定也希望我能透過自身經歷，幫助更多人了解這件事，把上天給我的福氣，再傳遞出去。（想到這裡，再次覺得自己真是幸運到爆炸！）

因此接下來對於所有媒體的採訪、健康談話節目的邀約，我幾乎來者不拒，趁著大家非常關注肺腺癌的當下，盡快把自身經驗分享出去。那段時間許多跟我一樣，不抽菸、沒有家族史、非固定下廚的人，都意識到或許應該為自己安排個檢查。幾位醫生朋友和相關團體私下對我苦笑說，他們多年來認真衛教宣導，還不如我得一個肺腺癌的影響力來得大。連自己就是醫師的好友也說，他十幾年來，每天在醫院工作超過十二小時，甚至十五小時，卻從來沒做過ＬＤＣＴ。因為我的緣故，他趕快去排了檢查。「結果發現醫院好多人跑來指名要做ＬＤＣＴ檢查，我同學說他們醫院那邊也這樣，還一直聽到大家講『那個得肺腺癌的主播』。」

術後上工沒多久，北投健康管理醫院也來上節目（當然是聊肺腺癌），我私下問副院長：「聽說你們最近健檢的人超多，而且都指名要做ＬＤＣＴ？」

醫師客氣的說：「是啊，真的很多，託彤雯的福。」

「呃……託我的福嗎？哈哈！」

雖然這話怎麼聽怎麼怪，但後來我真的收到超多粉絲的留言及私訊，都是以「主播我要謝謝您」、「託主播的福，我才能在肺腺癌初期發現並切除根治」為開頭。其中印象最深的，是在我術後約八個月的一則新聞報導：

「四十二歲邱姓男子，不菸不酒，因二十年前即檢查出罹患甲狀腺癌，每三個月定期回醫院抽血檢查，某天開車時偶然聽到廣播節目分享『低劑量電腦斷層掃描』（ＬＤＣＴ）的檢查經驗，意識到自身已多年未安排胸腔檢查，於是前往○○醫院接受低劑量電腦斷層檢查，赫見左上肺○．六公分病灶，經手術後證實為肺腺癌第一期，現仍持續追蹤治療中。」

當時我就想：「他聽的應該是我的廣播節目吧！」沒想到當天下午，我就收到當事人的私訊，原來新聞中的邱先生真的是我的聽眾、我的粉絲。他說因為我在節目中總是千叮囑萬交代大家要去做LDCT，他聽了好幾次後（我承認我疲勞轟炸大家），乖乖接受「洗腦」去做了，因此及早發現了一期肺腺癌。

他除了分享這則新聞給我，也再次謝謝我。我回覆他：

「雖然這樣講怪怪的，但就像當時所有醫師都恭喜我一樣，我也要恭喜你！一期跟零期差不多，切除病灶、持續追蹤就好。讓我們一起努力。」

之前老天讓我歷經一百一十三天住院「完全臥床安胎」，吃喝拉撒都得躺著來的痛苦，是要讓我給更多安胎媽媽力量。這回讓我罹患零期肺腺癌，或許也是要讓我提醒更多人：別忽略各種無形殺手對肺部造成的傷害！

不過對於我這種「樂觀到爆」的思考邏輯，我好友也是撇了撇嘴加翻白眼：

「那老天就不能把這些責任給其他人嗎？全都放妳身上是怎樣？」

「因為我受得住啊！而且不會哭哭啼啼，會見招拆招的大步前行！」（是說這麼多大事小事不斷的經歷，到底是有什麼好得意？）

03

公聽會

除了在自媒體及公眾媒體上分享自身經驗，我也參與了近幾年非常重要的肺腺癌防治政策相關討論。

二〇二一年四月二十八日，我術後剛滿一個月，受我非常尊敬的「台灣肝病防治之父」——台大許金川教授之託，以病友身分，參與了立法院一場公聽會，主題是希望政府能鬆綁電腦斷層與核磁共振儀器的規範，讓除了醫院以外的健檢診所或機構，也能替民眾進行類似低劑量電腦斷層的檢查，以發現早期癌症，挽救更多人的生命。

我年輕時採訪過無數次立法院公聽會，這是我第一次從台下走到台上，從採訪者變成與會發言人。那一年多來，當其他國家遭受新冠肺炎第一波的肆虐時，台灣政府像個超級防護傘，以各種「超前部署」讓病毒攻擊時間延後，至少等到有疫苗、有藥物被研發。而在很久很久之前，也是因為一群醫界工作者與政府攜手，努力防治肝炎，研發疫苗，讓超音波檢查變得普及，能夠深入偏鄉，才讓肝病如今不再是台灣國病。

而現在肺腺癌已然成為台灣新國病，但跟鄰近國家日本相比，台灣能早期發現的比例大幅落後。根據統計，日本肺腺癌多達三分之二都是早期患者，但台灣剛好相反，超過三分之二患者發現時都是晚期，五年存活率只有二〇%。電腦斷層及核磁共振是早期發現癌症的重要工具，尤其低劑量電腦斷層更是國際公認早期發現肺癌的最佳方法。多項歐美大型研究都證實：「肺部低劑量電腦斷層掃描，可比胸部X光提早約五到十年發現肺癌。」因此讓LDCT檢查普及化，確實是積極防治的做法之一。

不過目前健檢機構或專科診所不能購置相關設備，所以想做LDCT檢查必須去醫院，很多人每年都做健檢，也願意自費做更多檢查，但這項檢查在健檢時卻做不到，一定要額外跑一趟醫院。然醫院就醫人數眾多，且醫院的斷層檢查本來就以

「治療需求」為主，等候一、兩個月才排得到檢查，是正常現象。忙碌的現代人往往因為太麻煩就略過，「等有時間再說吧！」有更多人則是根本不知道有這項檢查，以為照胸腔X光無異常就夠了。

關於這點要特別釐清：

・胸部X光只能照到實體腫瘤與結節

X光通常只能照到兩公分以上的腫瘤，而且看不出毛玻璃病變。這也是為什麼我朋友的姑姑，二〇二〇年初做全身健康檢查，包括肺部X光都正常，到了八月覺得呼吸困難而就醫，竟已肺腺癌三期，二〇二一年初就不幸離世。

・肺腺癌初期變化很慢，但長到一定程度就可能急速擴大惡化

毛玻璃狀結節再大，X光可能都照不到，但LDCT是小到只有〇・三公分的毛玻璃結節都無所遁形（不過還是要看機器，太老舊或切數太低的機器就不一定）。先前曾提到小於〇・八公分的毛玻璃結節，一般建議可先追蹤，主要就是因為初期變化很慢，但大到某種程度，就可能突然擴展迅速。因此說〇・八公分到一公分的大小是最好的處理時機，除了因為再小的結節短期內不會對生命有立即危害，且不易定位外，也是因為到了這個大小，後續快速惡化的機率就很高。

當然，幾十年前制定的法規較嚴有其原因，最主要是擔心輻射防護及判讀能力不足，會造成不必要的恐慌及資源浪費。但現今台灣一定能規劃完善配套措施，消除這些疑慮。日本因為肺腺癌造成民眾生命損失及國家財政重大負荷，很早就開始普及篩檢，甚至有些辦公大樓與商場還配有檢查室，相較之下，台灣連非醫院等級的健檢專業機構及診所，都不能添購操作CT儀器，似乎過嚴。更別說醫療資源極度欠缺的偏鄉，這部分要怎麼補強？德國很早就有大量CT篩檢車深入偏遠地區，對於檢出早期肺腺癌、降低死亡率，有一定幫助。

現實是：肺腺癌已經成為台灣新癌王，需要更積極防治。台灣有機會再做一場漂亮的超前部署，適度鬆綁法規或許就是其中一步。

不過目前政府還是暫不打算鬆綁，主要理由是「並非所有人都需做這項檢查，抽菸者、有肺癌家族史才是高危險群」。當我在公聽會上聽到官員及部分專家反覆提到這點，我真的很想問：

「那我呢？」

當天我有五分鐘的發言時間，最後我說了一個故事，是一位女性粉絲寫信告訴我的。

她先生不菸不酒、沒有家族史，每年都有做公司的員工健檢，二〇二〇年因為疫情滯留在對岸，沒辦法回來做健檢，主管要他自己在大陸做。

這是他第一次做肺部低劑量電腦斷層（因為台灣的健檢診所沒有這項檢查，跟很多人一樣，他不知道要做LDCT，以為X光就夠了），結果照出來發現肺腺癌三期。他趕緊回台灣大醫院再做一次檢查，結果一樣。因為已經三期，無法動手術，所以準備開始進行化療。

「彤雯，妳真的非常幸運。我多希望我的先生能跟妳一樣……」

最後講到這句，我在台上哽咽到無法繼續……許多病友都有同樣遭遇，但他們沒有發聲管道。當天有位專家說：「讓CT過度普及是為少數有錢人做的服務。對自己身體健康比較關注的人，現在都可以自己去做這項檢查。」

我真是不敢相信我的耳朵！普及的意義不應該被這樣解讀，而且顯然這位專家只活在自己的同溫層。以為「大家都知道LDCT應該做、大家都知道可以在哪裡做、大家都很容易就可以做得到」，殊不知「大家都知道」這件事，就是需要不斷的宣導、教育，並營造一個資源充足的環境給「大家」啊！

04 /

還好我做了

「姐，感謝妳的發言，家母也是每年做健檢，但是沒這個項目，家母在六年前發現已是肺腺癌末期，煎熬了半年離世，謝謝妳。」

「謝謝你們的發聲，家父年前才因肺腺癌過世，發現時已四期，我們真的需要將檢查納入，謝謝你們。」

「我父親有肺氣腫、有抽菸史、X光片有結節，醫生也懷疑，但醫院都會建議我父親自費做LDCT，做一次要六千，我們家是低收，哪付得出這個費用？」

「專家及官員是否能公布不菸、沒有肺癌家族史，卻罹患肺腺癌的比例數字？我的一位好朋友去年就因肺腺癌過世了，他不抽菸，也沒有肺癌家族史，我們都很難過。」

「家母長年咳嗽，跑遍大小診所及醫院都沒查出原因，直到有緣遇到一位胸腔科醫師，建議到中部某醫學大學醫院做CT及切片，才發現是肺腺癌，但已是第四期。既然肺腺癌已成為國病，為何不把肺腺癌像大腸癌那樣，增加預防性的檢查？雖然CT費用很貴，會增加健保開支，但晚期發現後的治療，舉凡吃標靶藥（副作用全身劇癢、皮膚龜裂、上吐下瀉）及做化療（副作用食欲不振、掉髮、日漸消瘦）的費用，也是一大筆啊！而且拖到那時，病人還得承受治療時的身心痛苦，家人及整個家庭都是。這真的是我的肺腑之言！」

以上這些留言，不及我所收到的幾十分之一。難道他們不是「大家」？

雖然不同意鬆綁法規，讓LDCT檢查能更普及，但衛福部從二〇二二年七月起，已經有條件的將LDCT納入健保補助的癌症篩檢項目。針對「具肺癌家族史」、「具重度吸菸史」兩大肺癌高風險族群，補助每兩年一次的免費LDCT篩檢。符合以上條件，可上衛福部網站查詢參與辦理此計畫的醫療院所，直接前往醫院申請，確認資格。不符合公費篩檢資格的人，可以詢問住家附近或常去的醫療院所，是否提供自費篩檢（費用五千元至八千元不等）。女性朋友如果長期暴露在油煙、二手菸環境裡，建議五十歲以後，不論自身有沒有抽菸習慣，最好都能做個LDCT篩檢。以北投健康管理醫院來說，近幾年每年平均檢出三十至五十位早期肺腺癌病患，九九%都是不抽菸的女性。

就算你都不符合以上風險條件，還是希望你可以自費去做個LDCT檢查。有女性粉絲跟我說，她戒掉每天的手搖飲，準備「存錢」去做檢查。我說非常好！檢查有價，但健康無價！

因為我還是要說：我不抽菸、沒有家族史、未長期暴露在油煙及二手菸環境裡，也還不到五十歲，依照衛福部官員及少數專家的說法，我並沒有做LDCT檢查的必要性。

但還好我做了。

給
正在抱怨人生
的你

每件事的發生，都有它的意義，
只是當下我們或許看不出來。

最重要的事：兩封沒打開的家書

01 / 好好道別

從健檢當天被高度懷疑罹患肺腺癌，到動完手術後那兩個月，我只哭過兩次。

一次是某個週末午後，我認真上網查手術方式及預後，怎麼看都覺得這還是滿恐怖的。雖然醫師一再強調：「妳的病灶長在左下肺葉邊緣，算是滿幸運的，會好切很多，而且切除範圍也比較小。」

但看起來就覺得「好像」會很痛，然後我就一個人小小的偷哭了一下。（結果手術完那兩天真的覺得超痛，反而沒哭。）

第二次哭就是手術前夕，寫信給我的兩個孩子：美寶跟瓜瓜。

決定動手術後我一直在想：到底有沒有需要向家人交代什麼？例如印章、存摺放在哪？哪些戶頭還有錢？雖然這手術對醫師來說很簡單，但畢竟是全身麻醉、需要插管的手術，萬一有什麼差錯，我什麼話都沒留給家人，這樣好嗎？

尤其是術前，我並沒有讓兩個孩子知道我去開刀，只告訴他們我去住院做些檢查，很快就回家。而我開刀前夕，剛好是劉真羽化滿一年的日子，我相信當時也沒人想到（包括她自己），她竟就這樣再也沒醒來。

如果我是她，在不能改變最終結果的前提下，讓我能回到手術前做一件事，我要做什麼？

我想我會選擇寫一封信，好好跟孩子道別。讓孩子知道媽媽是多麼愛他們，並且會用另一種方式，永遠照看陪伴著他們。

基於這樣的心情，我在明知手術其實也沒那麼危險的情況下，還是在手機記事本裡打了兩封信。

第一封給瓜瓜。可能因為他還小，我也無法寫太多，所以情緒還算平穩；但第二封給美寶，我居然只寫了「親愛的美寶」五個字就大崩潰，哭到不行。後來我都不知道是怎麼打完那封信的，從頭崩潰到尾。

本來寫完給孩子的信後，我還要寫給爸媽、寫給老公，但寫完給美寶的信，我就元氣大傷，實在沒力再寫了。

真的非常謝謝老天爺，讓我的兒女最後不用看到這兩封信。但這也讓我有了一個很不一樣的體悟：

一般我們認為要隨時做好準備，以免意外發生時家裡亂了陣腳，所以會交代的多半是跟資產有關的事。但那些事終究是能透過某些辦法解決的，唯一無法有人代勞的，是你對家人的情感，而這也是對他們來說最重要的。

我手術後第三天就出院，雖然真的非常疲累，我卻好想看到孩子們。即使才

四、五天不見，但用「恍如隔世」來形容那感覺其實還滿到位。所以雖然先生跟婆婆都叫我回家休息，我還是堅持在他們的陪伴下，一起去接兩個孩子下課。

那是週五傍晚，我們把車停在學校附近。我突然開了門要下車，老公緊張的問我要幹嘛？我說沒什麼，就只是想下車走走。

其實我是想在路邊等美寶，讓她能一眼就看到媽媽出院了來接她。

後來一堆孩子們過馬路時，我聽到美寶大喊：「馬麻！」然後朝我飛奔過來。我邊忙著閃她的飛撲，怕她撞到我的傷口，邊笑著說：

「馬麻回來囉！」

這句話包含著滿滿的感動、感激，與好多的幸運。還好那時天很黑，沒人看到我眼裡都是淚水。

02
/
寫給孩子的信

最後附上這兩封從未曝光的「家書」，這是我在二〇二一年三月十五日寫完後，第一次打開這兩封信。因為我根本不敢再看一次，怕自己又會淚流滿面，事實證明我非常了解我自己（目前正哭得唏哩嘩啦中）。

既然明天和意外，誰都不知道哪個會先來？我們真的不要再把「做好交代」這件事，當作觸霉頭了。在還來得及時，把自己的愛，好好寫下來。

小瓜瓜：

你到底記不記得你在媽咪肚子裡的事情呢？

我以前一直覺得你真的很皮，皮到媽咪得在醫院動彈不得，躺上一百一十三天，才能保住你的小生命，不讓你太快跑出來。

但現在我開始覺得你那時不是調皮，而是因為你太愛馬麻，愛到希望我只跟你一個人在一起，所以硬要把我綁在醫院、綁在床上，哪裡都不能去，整天只能摸著肚子跟你說話。

雖然懷著你的過程讓我吃了很多苦，但你的到來讓我們整個家都好歡樂。爸爸盼你盼了很久，你是他最大的驕傲！姐姐也是，你小時候，姐姐有時比馬麻還像馬麻，她真的非常愛你。你是她期待好久才得到的手足。

公公婆婆也是！雖然他們捨不得媽咪這麼辛苦（我是公公婆婆最寶貝的

女兒），但是你的出生還是讓他們超開心！尤其是婆婆，直到現在還每天看著你小時候的照片、影片，不斷笑著說：「瓜真是可愛！」

至於爺爺奶奶就更不用說了，他們對你的愛真的好深好深，你是他們最疼愛的孫子。

而媽咪更是因為你，有機會重新認真做一次媽媽。我很享受你的陪伴，你北鼻時背著你買菜、吃飯、接送姐姐，到現在牽著你的手在路上散步，都讓我很開心、很滿足，你總是給我好多好多的歡樂！

你是個很棒、很聰明的孩子，只要你願意再多聽一些厲害的人教你的事情：像是爸爸、老師，你的力量就會更強大！像你最愛的「夢幻」一樣！所以要記得多聽別人的建議喔。

媽咪非常愛你，希望你平安健康的長大，我一直都會在你身邊。

親愛的美寶：

妳知道嗎？妳是馬麻人生中最棒的事情，沒有之一。

我覺得自己上輩子一定是做了很了不起的事，這一生才有這個福報能當妳的母親。（好奇怪，寫給瓜瓜的信好容易寫，但寫給妳的信，從「親愛的美寶」這五個字起，我就淚流滿面，沒辦法打下去。）

我還記得當年跟妳父親分開時，婆婆曾擔心我帶著妳還要工作，太辛苦，勸我思考要不要讓妳跟著父親。當時我只說了一句話：

「美寶是我的命，沒有她，我活不了……」

媽媽一直很努力，想要給妳更好的生活。妳小時候很羨慕好友有自己的房間，所以媽咪很努力工作，到處看屋，幾年後終於買了自己的房子。雖然房子不大，馬麻還是認真打造了一間屬於妳自己的房間。雖然房貸壓力很大，但妳的笑容讓我覺得一切都值得。

妳可能很難想像妳在我心中的地位，妳不只是女兒，也是我的朋友、我的伴侶、我的姐妹，我會跟妳聊我的工作、我的心事，長大的妳會幫公公婆婆很多忙，就像是我的分身，幫我照顧公公婆婆。

但妳對我來說最特別的，是像我的戰友。我人生中最痛苦、最低潮的一段日子，是妳陪著我走過。我們有著革命情感，這是無人能取代的。

對妳，我有著很多的歉疚與不捨，總覺得讓妳太早就經歷許多不該妳這年紀經歷的事。但換個角度想，或許這也是妳比同齡朋友更細膩成熟、體貼包容的原因。

媽咪希望妳多愛自己一點，多為自己想一點。不必擔心別人的想法跟眼光，認真做個「自己喜歡的自己」。要記住：我們終其一生都不可能滿足所有人，所以活著最重要目的就是肯定自己，讓自己快樂。

當寫出一篇好故事會讓妳覺得快樂，就去寫。

當做出一段影片會讓妳覺得自己超棒，就去做。

當做幫助人的事情會讓妳開心，就去幫。

不必擔心達不到一般人眼中的標準或成就，妳的價值由妳自己定義。而在我眼中，妳是我認識最棒、最善良、最溫暖的孩子，是上天賜予最美好的禮物。我希望妳能享受美好的人生，勇敢追求自己的夢想。以上兩件事都必須經歷辛苦的過程，但生活從來就不是件容易的事。

如果能從我的人生擷取一件禮物送給妳，我想送給妳「我的自信與勇氣」。

不要害怕面對挑戰，失敗了沒什麼了不起，睡醒了、明天再想別的方法就是。要相信自己真的很棒，只要站對適合的舞台，並在上台前盡力準備，妳必定發光發熱。

愛情也是。不需要任何屈就，妳的美好要留給懂妳並珍惜妳的人。對妳不好的，就叫他們快走不送或直接叫他們去死。當妳把眼光從不適合的人身上移開，才有機會看到真正適合的對象。

媽咪有許多兩性相處跟自我成長對話的書，都是留給妳的。當迷惘時都可以拿來看看，希望能幫助妳少經歷些坎坷。

最後還是要說聲：我非常非常愛妳。希望妳明白，也能感受得到。我會永遠在妳身邊，用各種不同的形式，例如：當妳看到書裡某一句話很像我會說的話，不要懷疑，就是我在跟妳說話。

謝謝妳來當我的女兒。

給
不想留遺憾
的你

明天和意外不知道哪個先來？
所以不要把「做好交代」當作觸霉頭。

About Parents & Me

第二重宇宙：父母與我

我也開始踏上了長照路

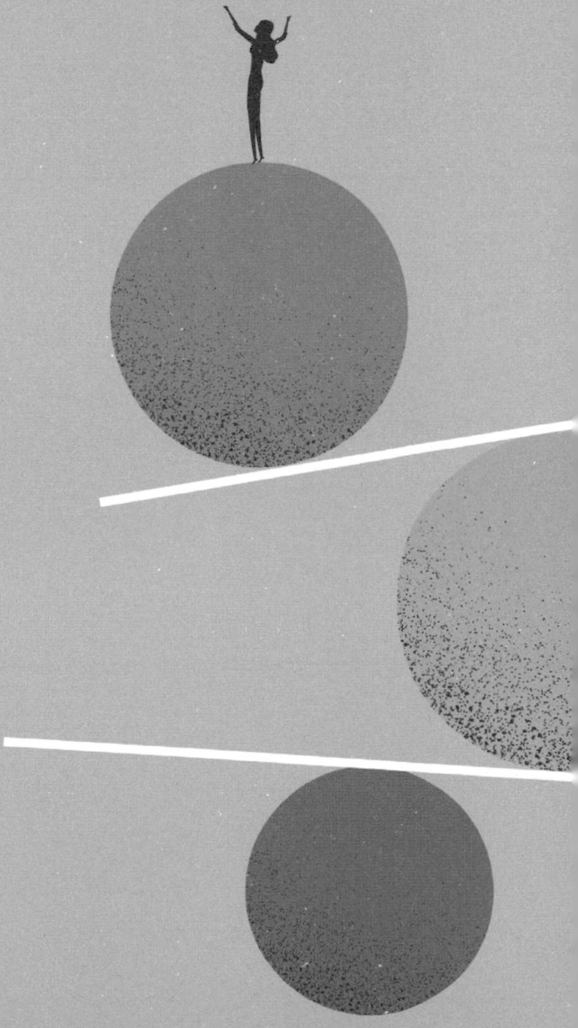

世間母女為何多是又愛又恨？

01 /

媽媽的原生家庭

很多人看著我與父母間的相處紀錄，都會羨慕的說「妳跟媽媽感情真好」，但只有我自己知道，「感情真好」這四個字，藏著多少難以對外人訴的恩怨糾結。而我相信，大多數母女，都存在這樣複雜的愛恨情緒。

從小，我媽就是家裡性格最剛烈急躁的那個。我說的「從小」不只是我的「從小」，也是她的「從小」。在十個兄弟姐妹的大家庭裡，排行老八的她有著「么妹」暱稱（底下兩個都是弟弟，所以她是最小的女兒），小時候很受外公的疼愛，脾氣拗起來，誰都要讓她三分。

不過外公為人謙遜溫和（據我爸說從未見他生氣），家中掌大權的是重男輕女的外婆。在她的觀念中，女兒不需要念那麼多書，所以家中三個女兒都被要求初中畢業就去賺錢養家。我媽初中一畢業，就由二姐領著進機構上班，當時主管看到瘦乾乾、才十五歲的她，皺著眉頭說：「帶一個小孩子來做什麼！」後來她白天工作，下班後去上夜校，很辛苦的完成高職學歷。

但我覺得我大阿姨更可憐，家中排行老大的她成績非常好，當年初中讀完，直接保送「臺灣省立臺北第一女子中學」（即後來的北一女，也是我的母校），外婆卻堅持不讓她讀，因為高中念完還要念大學。

「我們家哪有錢讓妳一直讀書？而且讀那麼多書幹嘛？趕快去賺錢回來才是最重要的。」

聽說當年大阿姨跪著哭求外婆讓她念第一女子中學，但外婆堅持要她去考「臺灣省立臺北女子師範學校」（就是後來廣為人知的「女師專」，現為「臺北市立大學博愛校區」），因為學費全免，讀完三年立刻獲得國小教職級別中最高的「甲種訓導」資格，薪水跟日本人一樣「享有六〇%的加薪」。這所當時的女子最高學府，對成績優異的大阿姨來說，要考上一點都不難；但一般人欣羨的教師鐵飯碗工作，對於求知若渴、急於在學海中探索更多的她而言，無疑是斷送學習之路。可是面對強勢的外婆，才十五歲的她，也只能被迫接受。

戰後的女子師範學校只有一個目的：培育「舉措合宜」的未來國小及幼教教師，因此要求相當嚴格，除了軍事化管理，也要求所有學生必須住校。不只享有公費，連吃住都全包，完全不用花半毛錢。外婆眼中的完美就職預備學校，卻是大阿姨最深的痛苦來源，因為這所學校與她心嚮往之的第一女子中學僅一牆之隔，三年來，她無數次望著與她同齡的一女中學生自在學習，默默流淚的同時，也讓她打定主意要逃離這個家。畢業後，她一邊從事教職，一邊報考師範大學，即使當年師範學校校長告訴她：「我們教的東西與一般高中相差太多，妳不可能考上師大的！」

但大阿姨還是考上了。就讀師大期間，雖然學費一樣全免，但她依舊半工半讀，一邊拿錢回家，一邊幫自己存錢。師大畢業後，她考取公費赴美留學的資格，用存的錢買了張單程機票，跟我媽說：

「這輩子，我絕對不再回到這個家。」

那年大阿姨二十五歲，飛到美國開始她的全新人生。後來她讀到博士學位，並成為美國執業心理醫師。她很快就返還了當年公費出國卻沒回國服務的全額費用，直到外婆過世前，也從未斷過給娘家的金錢援助。但在外婆還在世時，她沒有再踏上台灣一步。

02 /

不被肯定的么妹

所以我說，多數家庭的母女之間，都有著難以對外人道的恩怨情仇，只是程度不一。

外婆家當年十個孩子，不是只有大阿姨會讀書，三舅舅和小舅舅都考上建中及台大，甚至出國留學，他們都是外婆的驕傲。但只有成績最好、可以直接保送一女中的大阿姨升學受阻，得提早就業賺錢，供弟弟們讀書。三姐妹們三種性格，大阿姨花了幾年時間布局，成功「脫逃」這個家；二阿姨性格怯懦，委屈都往肚裡吞；我媽則是小辣椒，兄弟間只要看不順眼的，管他是哥哥還是弟弟，她都要罵。

除了天生個性急躁剛烈，「不公平」或許也讓我媽更為好強。外婆嚴重的重男輕女思想，讓在家中排行倒數的她，從十五歲起為原生家庭做的一切，甚至比大她一輪的大哥還要多！可是她並沒有因此得到外婆的關愛，或是一點點肯定。愈是如此，她愈想證明自己。我爸是公立學校教師，薪水並不多，但當我媽開口要求每個月都要拿錢回去奉養外婆時，我爸一口允諾：「妳想拿多少就拿多少。」

我媽不只拿錢回家，還幾乎每週都回娘家探視。外婆最後生病住院的那段日子，我偶爾會在放學後跟著媽媽到醫院照顧外婆，但我在媽媽跟外婆的互動中，幾乎看不到屬於母女間的那份親暱。直到現在我都無法分辨，她的一切「孝順行為」究竟是因為對母親的愛？還是被母親套上的「責任枷鎖」？或只是單純想證明給母親看：「我雖然是女兒、是妳最看輕的女兒，但我做得比妳心心念念的兒子們要多得多！」可惜最終她還是沒能換得外婆的一句：「么妹，妳是很棒的女兒。」

幾十年來，每次跟媽媽聊到過往，總覺得她的回憶裡鮮少有快樂。年輕時我不懂她有什麼好不開心的？嫁了一個這麼好的先生，又沒有公公婆婆（我爺爺在我爸六、七歲時就於戰爭中殉職，奶奶獨自跟著軍隊把爸爸帶來台灣，但因過度勞累，幾年後就病逝，爸爸高中時就成了孤兒，獨自在台灣生活），唯一的女兒（我本人）在求學和就業過程中，也沒給她帶來太多麻煩。她到底為什麼這麼悲觀、負向，總把人事物往最壞的地方想？

近幾年來因為結識許多優秀的諮商老師，再回想爬梳媽媽的過往，才理解媽媽在原生家庭中欠缺的愛與不被肯定，對她與人的相處，甚至是我們的母女關係，都造成很大影響。她的心腸比誰都軟，對他人永遠比對自己慷慨，可以為朋友兩肋插刀，就如同她對母親的盡心盡力付出。但只要她感覺對方並沒有「對等的」對待她，她就會覺得自己被傷害了，對他人的「不懂感恩」感到極度憤怒。許多在我看來根本沒什麼的事，她卻會無限放大。現在想想，或許是那些負面情緒，連結到她內心最深處，那始終沒被感謝與看重的傷心。

03

憂鬱症找上門

凡事都往心裡去的媽媽，曾兩度罹患憂鬱症，第一次是我二十六、二十七歲時，第二次就是近幾年讓我非常痛苦的老年憂鬱症。

媽媽第一次患上憂鬱症，是約莫五十五歲時。當時爸爸借了很大一筆錢給他非常信任的一位學生，這筆錢幾乎是他們全部的存款。後來學生說投資失利，數度跟我爸媽痛哭道歉，表示將來有辦法一定還錢。但想當然耳，根本不會有「將來有辦法」這回事。慢慢的，這位爸爸「剛任教沒多久就教導，並深交二十年」的學生，不再與爸媽往來。之後曾聽說他日子過得不錯，但始終沒兌現當年的還錢承諾。

這對我父母造成非常大的打擊。我爸爸最痛的，是被視為摯友的學生欺騙；我媽媽則是因為損失了幾十年來辛苦攢下的積蓄（那時我父親已經退休），痛心之餘，也極度擔憂接下來的生活。剛好當時家中房子又出現漏水問題，我媽憂鬱症就發作了。

那時我工作非常忙碌，跑新聞外加播報，讓我每天早出晚歸，並未注意到我媽的不對勁。某日媽媽哭著告訴我，她沒辦法睡覺，每天坐在客廳裡，看著漏水的天花板，覺得下一秒屋子就會垮下來。我只安慰她不要想太多，漏水修不好，就換一家來修，總會修好的。她哭著說若不是錢被騙了，還有機會換房子，但現在什麼都沒了……聽到這些話，我很無奈，但就跟所有不理解憂鬱症的人一樣，我只叫我媽「想開一點」。

直到有一天傍晚，我正在趕晚間新聞播出帶，火燒眉毛之際，突然接到媽媽的電話，她一直哭、一直哭：

「寶貝，我現在在廚房準備晚餐，可是我沒有辦法切菜。我拿著刀，一直切不下去，而且不知道為什麼，我一直想朝壓著菜的左手切下去。我在想，這樣切下去，是不是一切就沒事了？是不是死了就不會這麼痛苦了？」

我聽到這些話，嚇得整個人從椅子上跳起來！我衝出剪輯室，力求口氣平穩，輕輕的問：

「媽，沒事的。妳刀現在還握在手上嗎？」

「嗯，我還拿著刀。」媽媽邊哭邊說。

「好，那妳現在聽我的話，先把刀放下來。然後走出廚房，到客廳的沙發坐下來，把電視打開。」

「可是這樣晚餐怎麼辦？爸爸等等回家會沒東西吃啊……」

「沒事的，我忙完新聞，等等買吃的回去，妳別擔心，我會買爸最喜歡吃的豬腳回去。妳就坐著看電視，等到晚間新聞快播完時，我就會到家了，好不好？妳刀放下來了嗎？」

就這樣，媽媽在我一個口令一個動作下，放下刀，走到客廳坐下，確定她情緒比較穩定後，換掛上電話的我開始大哭。我邊哭邊完成新聞播出帶，告知主管我家中有急事，沒辦法等到晚間新聞播完才離開（通常我都會等到新聞全部播完，八點才離開辦公室），然後飛車趕回家陪我媽。

隔天我立刻帶她去看精神科醫師。二十多年前，大家對憂鬱症並不了解，還好我自己跑醫藥新聞，曾採訪過幾次當時非常有名的陳國華醫師。媽媽在陳醫師的諮商及藥物治療下，大約兩個月就度過了這次憂鬱症，當然那段時間，我有空就陪著她，上班時大概一天打十幾通電話回家，確認她的狀況。

我記得自己陪著媽媽坐在陳醫師的診療室，看著她在醫師的引導下，聲淚俱下的說出自己內心的痛苦，我只覺得不可思議：平常不擅與人交談，甚至防衛心較重的媽媽，為什麼會對著一個陌生人，吐露這麼多內心的祕密？陳國華醫師說：

「就因為我是陌生人，又具有『醫師』這被信任的頭銜，她才能沒有負擔的說出心裡話。愈是親近的人，我們愈無法坦誠以對。而妳身為女兒，也很難做到沒有情緒的傾聽。」

那年我二十七歲，因為媽媽，我第一次與憂鬱症交手。約莫三年後，換我自己陷入憂鬱症。當我失眠超過兩週，坐在電腦前打稿時會莫名掉淚，我很快的警覺到自己可能是憂鬱症。我再次找上陳國華醫師，服用抗憂鬱及其他幫助睡眠和情緒穩定的藥物，並在同事的陪伴下開始運動健身。每天八點下班就到健身房報到，晚上十一點才離開。很快的我也度過了那段憂鬱症。

現今醫學對憂鬱症的研究愈來愈多，也正式定義這是一種疾病，世界衛生組織甚至估計，二〇三〇年憂鬱症將會超越癌症及糖尿病，躍升為造成全球社會經濟負擔最重的疾病。但許多人不自覺、不承認、抗拒治療，是此病症最麻煩之處。二十多年前雖然我們不了解這些，但陳醫師當時就告訴我：

「曾經得過憂鬱症的人，有很高機率會復發。」

我一直謹記，並注意自己與媽媽的狀況。遺憾的是，距離我得到憂鬱症一年多後，陳國華醫師在診所結束了自己的生命。那段時間他深陷官司訴訟，也因公開談論已故藝人倪敏然的病情，有違醫師倫理遭到各界批判，這些或許都是造成他輕生的原因。但我還是忍不住想：他是不是忘了自己在當上精神科醫師前，也曾罹患嚴重憂鬱症？最後那段日子，他是否忽略自己其實又生病了？如果他也向其他醫師求助，會不會這憾事就不會發生？

給
母女關係糾結
的你

試著去理解母親原生家庭的影響，

或許就可以體會媽媽的感受。

整天喊「不想活」，我媽再度憂鬱了

01 /

查無病因

二十多年後，媽媽再次陷入憂鬱症，就沒當年那麼好解決了，因為這回是身心交互影響。身體衰老產生的生理病徵，讓老人家覺得自己老了、沒用了，各種負面情緒丟出來，承受壓力的家人第一時間通常只覺得老人家固執、難搞、情緒勒索、故意找麻煩，很少有人能在第一時間想到「老年憂鬱症」這回事。就連自認對憂鬱症如此了解的我，都是在被「折磨崩潰」了幾年後，才慢慢找到因應對策。

而且這因應對策不是只有對媽媽，還包括對自己。

前面提到過，我媽媽不擅與人交際。對許多長輩來說，上老人課程、參與同齡者的活動，可能是很平常的事，甚至非常積極主動參與，但我媽一直都不是這樣的個性。

之前十幾年來，她都會去公園運動，結識了一群長輩朋友。但四年前開始，她突然出現腳步無法平衡的狀態，我們先從骨科、復健科看起，排除了骨骼、肌肉相關問題後，接著來到最有可能的神經內科，做了所有檢查，卻查不出任何問題。我也帶著她去找國內耳鼻喉科權威，徹底檢查是否是耳朵平衡出了問題？結論是一切都很正常。台北榮總神經內科主任甚至收她住院十天，會診各科，幫她從頭檢查到腳，最後也是不了了之。

其實媽媽的腳無法平衡，最初僅是停下腳步時，腳底感覺無法抓地，產生晃動。但光是這樣，就讓她十分恐懼，深怕自己走路會摔倒。加上沒過多久，新冠疫情開始，更讓她不敢外出，頂多在家樓下走走。自從沒去公園運動後，她幾乎沒了朋友，本身就極度負面思考的她，這幾年的心理與情緒狀況比實際生理變化更糟。我和許多醫師都認為，媽媽應該去看身心科，因為一開始可能是生理問題影響心理，但到後來，心理層面的負面影響不但已遠大於生理，甚至拖垮生理，但媽媽卻十分抗拒。

因為她覺得一切問題都出在腳，只要腳好了，一切就沒事了。

「身心科有辦法治好我的腳嗎？不行的話，我幹嘛去看？」

媽媽不敢出門，連在家裡也什麼事都不做。在我眼裡她不是不能做，而是不敢做，因為只要站著，她就覺得自己有跌倒的危險。不論我怎麼鼓勵她，找多少身邊例子給她看，試圖讓她知道身體狀況比她糟糕一百倍的人，只要願意走出去，日子都能過得有趣滋潤。但我所有的努力都是徒勞無功，媽媽依舊整天抱怨、唉聲嘆氣，經常喊著不想活了，沒有任何事情能讓她開心。

這對身邊的人影響也非常大，尤其是我爸爸。因為我沒與父母同住，高齡八十四歲的爸爸，才是媽媽的主要照顧者。媽媽什麼事情都依賴爸爸，讓我擔心爸爸比擔心媽媽還要多！因此我會忍不住對媽媽生氣，氣她為什麼不願意振作一點？氣她為什麼不能正向一點？雖然她一直以來都是悲觀的，但以前她不需要靠別人啊！現在既然需要，就不能讓別人感覺好過些嗎？

焦慮加上厭煩，讓我愈來愈失去對媽媽的耐性。終於有一次，我情緒潰堤，對著媽媽大發了一頓脾氣。

02 /

我兇了媽媽

我清楚記得，那是我「又」帶她去看了某位醫師的一天。我不記得那天是看誰，因為那兩、三年，我實在帶著她跑太多地方了。天天做節目的我，只要聽到任何一個醫生（包括傳統醫學和自然療法）對我媽媽的狀況「可能」有點幫助，不論哪一科，不論距離多遠，我一定帶她去。就算不見得真能有所改善，但我想讓她知道：有機會就試試看，反正沒損失。

那陣子媽媽的情緒狀況非常糟。當天看診等待的時間比預期久，結束後我來不及先開車送她回家，只能載著她去接小孩放學。路上我試圖說說笑笑：

「媽，這裡有間很好吃的包子店欸，我買一些包子給妳帶回去，讓妳和爸當早餐好不好？」

「不要！妳不知道我們不適合吃太多澱粉嗎？包子都是澱粉。」

「喔，其實應該沒那麼嚴重啦。還是我買點豆漿？這邊有家豆漿自己做的，很濃、很營養，這是好的蛋白質，我買一罐回去給你們喝？」

「不要！豆漿都有糖！妳不知道我們不能吃糖嗎？妳不知道我們膽固醇太高嗎？妳是想害死我們嗎？」

「豆漿可以選微糖或無糖啊，而且你們都有在吃藥控制，你們兩人膽固醇都不到兩百，比我還低。妳的狀況其實很好，上次我帶妳去抽血檢查，醫師說妳的血液報告可說是一百分，比我和他都健康多了，妳是健康寶寶欸。」

「什麼健康？妳不知道我有多痛苦，我每天都想死。妳什麼都不知道！妳根本不懂！」

媽媽一句接一句的否定，終於讓我受不了。我把車停在路邊，對著她大吼：

「媽！妳夠了！妳不想活，但妳身邊的人還要活啊！我知道妳很想治好妳的腳，我也很努力，能做的我都盡量做。只是很多事情真的不是我們能控制的。但妳沒有一分鐘是開心的，甚至一秒鐘都沒有！我的每一句話，妳都要否定，連想買個好吃的給妳，妳都說我想害死妳。妳知道妳這樣我有多傷心、多痛苦嗎？」

「妳只是腳平衡不好，停不穩，不是不能走路，這樣妳就要死要活的。那不還好我們家的癌症是長在我身上（當時我剛動完肺腺癌手術一年左右）？如果今天是長在妳身上，真的是全家人都一起不要活了。我拜託妳，我只是偶爾陪陪妳，爸爸是一天二十四小時、每分每秒都要忍受妳，拜託妳不要搞到爸爸也生病！」

「現在老天爺如果聽得到，我當著妳的面求祂：有什麼病痛，都來我身上！可以的話，都讓我代替妳受！因為我扛得住！我受得了！我夠堅強！我不是妳！」

連珠炮似的吼叫完，我感覺緊握方向盤的手幾乎要握出血來，我從後照鏡看著媽媽的臉，她瞥向窗外，面無表情，一句話都沒說。然後她打開車門說：「我要下車。」我立刻下車繞到後門，把她推回車上，把門鎖好。回車上後，我說：

「妳就坐好，我接完瓜瓜就送妳回家。」

一直到回家前，我們都沒有再說一句話。等到爸爸接過媽媽上樓後，我把車暫停在娘家附近路邊，撥了電話給爸爸，跟他說我很對不起，我剛剛兇了媽媽，而且很兇、很兇，請他注意一下媽媽的狀況。

「我真的很抱歉，給爸添麻煩了。我知道我很糟糕，我實在太不孝了，但我的情緒也需要出口。我不像你，什麼都能忍，我真的忍不住，為什麼我不管怎麼做，媽媽都不滿意？她只要肯定我一次就好，真的，一次就好了⋯⋯」

03/

反常跡象

從小我只要敢頂撞媽媽，情緒平穩的爸爸一定瞬間暴怒。記得美寶三歲多，我帶著她搬回娘家住的那幾年，我跟我媽之間關係極度緊繃。有一次我跟媽媽起了嚴重口角，我爸竟然衝到我面前，大吼叫我滾出去！當時小美寶抱著我爸的腿，哭著說：「公公，你不要罵我媽媽！你不要趕我媽媽走！」

我知道我爸的底線，就是「不准兇媽媽」。從那次之後，我再也沒對媽媽大聲過。曾經，我就坐著聽我媽訓我整整一個小時，從對我個人及我人生的種種不滿，講到她年輕時與外婆間的恩怨情仇。我知道她幫我照顧女兒，需要一個宣洩的出口，所以我除了偶爾穿插一句「我知道我不好，我會改」，其餘時間，我都默默的聽著。直到她說：

「是，我是個很嚴厲的媽媽，但我也律己甚嚴，我怎麼會教出妳這樣的女兒？」

我終於開口：「媽，我也沒那麼糟吧？」

我媽竟毫不猶豫的回說：「妳是！妳真的很糟！」

當下我徹底被擊潰，眼淚奪眶而出。

一而再、再而三的被自己最親的人否定，真的會讓人失去一切動力。

那天在車上狂吼我媽後，不知為何，我就想起了近十年前的這個場景。

本以為在電話中跟我爸說我兇了媽媽，會被我爸罵一頓。但聽著我的哽咽，爸爸靜默了幾秒後，嘆口氣：

「唉，以後妳盡量不要跟妳媽單獨相處，妳受不了，但我可以。」

雖然知道自己很不應該，但我當下真的忍不住。覺得自己不孝，卻真的也很無助，不知該怎麼做才能兼顧一切？

但奇怪的是，那次媽媽並沒有生我的氣。

如果是過去的她，我膽敢這樣大吼，她在車上就會立刻反擊，要不也會大哭加上情緒勒索（例如「我現在就去死給妳看」之類的），但當下她什麼反應都沒有，後照鏡中的她，真的是「面無表情」。我因為情緒太滿，只以為她是被我嚇到，所以不敢講話，但事後愈想愈不對。而這點竟也成為之後，醫師診斷她是老年憂鬱症，甚或躁鬱症的重要依據。

當然我很後悔。隔天我送東西去，再隔天帶孩子們回家玩，媽媽都完全沒提這件事。若是幾年前，她絕對不會理我；就算我跟她道歉了，她也會冷冷對我個幾天，才能消她心頭之氣。

這回她完全沒生氣，看起來就像「無喜也無悲」，這讓我更加愧疚。

04/

我的老小孩

其實媽媽比誰都希望自己可以「走出去」，不是嗎？全家最重視身體保養的就是她，健檢數字最漂亮的也是她，但她就是很害怕、很退縮、很悲觀，她都已經快八十歲了，我還能要求她怎麼改？

如前所述，這兩、三年我們一起看了無數醫生。對我來說就是試試看，反正沒損失。但對她來說，每跑一次、每多一個醫生宣告無法解決她的問題，就是多一次的失望與沮喪。

我們必須在這些經歷中接受：人的老化就是一個過程。雖然跟很多人相比，媽媽狀況並不嚴重，「但她自覺很嚴重」，這是一種主觀認知，沒有標準可判斷，也沒有對錯可言。

雖然我也希望能陪著她去做所有事，但「女兒」只是我眾多身分之一。我能擠出來的時間，無法配合讓她覺得舒服的作息，所以我一直努力找資源。從長照服務的申請，到終於請到看護幫忙，現在能陪她一週二到三個早上，去上專門為長輩設計的各種課程，希望走出家門能讓她心情開闊些，更期盼她能交到另一批朋友。

另方面，媽媽抗拒看身心科，一是覺得「沒用」，二是因為服用身心科藥物會讓她不舒服。所以我說服她接受非侵入性的「重複性經顱磁刺激」（rTMS）治療，看看是否能改善她說的失眠、頭暈，這些其實可能都是因老年憂鬱症引起的症狀，當然最希望的還是能改善她認為她所沒有的憂鬱症。（有關rTMS治療，將在後面詳細說明。）

說服她參加這些活動跟治療的過程，真的非常非常艱辛。所以當一年多前看護來到家中，媽媽終於願意去上老人課程，也開始接受rTMS治療，應該是我多年來最開心的一刻。（即便治療前一晚，她還是打來說不想去，但被我嚴詞拒絕，並說我已經交錢了，沒辦法退費，拜託她看在貴的要命的費用上，去治療一下。）

而原本抗拒上課的她，到了教室，卻是最認真學習的人。我幫她報名的「振興醫院銀光學苑」老師告訴我，媽媽參與度非常高，雖然她整天還是說自己狀況糟透了，但我開始試著接受「她有權利覺得自己很糟」，並透過自己的觀察，放下我對她的焦慮，也希望她在參與活動的同時，爸爸能獲得喘息。

現在的媽媽，有看護的陪伴，有固定的課程，我盡力克服自己對媽媽的焦慮，媽媽也慢慢接受自己身體的衰老。希望能在母女都漸漸釋懷的情況下，讓她的老後人生、我的長照之路，能少些情緒波瀾。

這些紀錄為什麼一定要寫下來？因為我知道之後還會有很多變化，我們一定還會有讓彼此很崩潰的時候，到時候我就要回頭看看這些歷程，想起我們每一步的往前，都是那麼的不容易。即使只是小小一步，都是彼此的一大步。

我想對媽媽說：

「媽，妳真的很不容易、真的很棒。我的情緒失控，不是因為妳不好，而是我實在太焦慮。謝謝妳體諒我，也願意跟我一起努力。」

過去媽媽也許沒能從外婆口中得到肯定，而現在的她，其實已經不太像媽媽，比較像是我的孩子，一個「老孩子」。若是如此，希望來自我這個「像媽媽的女兒」口中的肯定，能多少補上她一直以來，想得卻不能得的遺憾。

給
正在照顧路上
的你

未來一定還有讓彼此很崩潰的時候，
記得回頭看走過的歷程，
每一步都不容易。

不做過度努力的照顧者，對我們更好

01／老年憂鬱症

這幾年第一次把我媽「騙」進身心科，是因為她的神經內科醫師和我的小兒科醫師好友，都建議我該帶媽媽去身心科。

我很感謝媽媽的神經內科醫師——振興醫院的王凱震醫師，他一直對我媽媽很有耐心，甚至在他覺得真的幫不上忙時，還願意幫我們轉診到台北榮總給他的老師，希望同科別的第二諮詢能對我們有幫助（雖然最後一樣什麼都查不出來）。

不過我最感謝王醫師的，是他給了我很重要的一段話：

「找不出讓媽媽腳步不穩的原因，不代表她就沒病。」

「身為神經內科醫師，我必須很遺憾也很抱歉的說，目前可能與腦神經相關的病況中，或許有一半在醫學上都無法確認真正病因。妳媽媽的症狀有點像『非典型巴金森氏症』，只是影像看起來沒有典型特徵。」

「但她腳步不穩是事實，會讓她心生恐懼也是事實。我們如果因為找不出病因，就認為她沒病，對她來說是很難受的。我認為她是需要看護照顧的，因為這只會愈來愈糟，而且惡化速度很難說。」

確實，不是一定要有癌症、心臟病、高血壓、糖尿病才叫生病，雖然許多單位一直推廣「老化是正常現象」，但沒有一個人的身體跟心理狀態是相同的，當老人家的感受無法被家人同理，真的會很難受。

而且，我們都沒老過，我們真的不懂老的感覺。

那麼，「老年憂鬱症」跟一般憂鬱症有什麼不同？

振興醫院身心科主治醫師袁瑋說，兩者最大不同，在於前者有極大部分是生理與心理互相影響：

・慢性病大大提高老人罹患憂鬱症的風險

許多慢性病合併有全身血管或腦細胞病變現象，讓老人罹患憂鬱症機率大大提高。舉例來說，中風病患罹患憂鬱症的風險，是沒有中風病史者的二到五倍；高血壓、糖尿病、心血管疾病患者，也比較容易患有憂鬱症；腦神經退化相關疾病及巴金森氏症患者，除了憂鬱，也容易患有焦慮症；若身體有長期的慢性疼痛，以及必須長期服藥控制各種病情，這樣的生活用想的也知道，絕對比一般人易患上憂鬱症。另外愈來愈多的失智症病患，合併有憂鬱症的比例也高達四至五成。

・常被忽略的「衰弱症候群」

很多老人家的睡眠狀況都不好，幾乎整晚失眠，只能睡一、兩個小時，造成白天精神、體力不濟，坐著打瞌睡，到了晚上更睡不著；而身體活動量變小就容易便祕，接著吃不下東西，然後更沒體力，更不想出門，走幾步就喊累，但坐久了又背痛腰痛……這種惡性循環其實就是「衰弱症候群」。這是個很隱形的東西，好像很多長輩都有，所以大家不會特別去注意，通常找上醫生都只說「失眠」，但後續這一大串現象，才是導致老人家不快樂的重要原因。

到底是「生理衰弱」造成「心理憂鬱」？還是「心理憂鬱」導致「生理衰弱」？這因果關係很難說。當腦部開始退化，大腦神經元對以上這些周遭行為及反應的控制力，包括情緒調整及記憶力，確實會變差；但當情緒低落、憂鬱，不想吃、不想動，體力自然不好，老人家的肌力衰退速度非常快，一個月不太動就差很多。所以臨床上有時很難判斷哪個先出現，只能確定「兩者會互相影響」。

如果沒有意識到「衰弱症候群」，只看作是老化過程一定會有的現象，而不設法努力對抗，就會讓老年憂鬱情形更加嚴重。再加上老人家通常會變得比較神經質及固執，心理上便更難適應老化過程。就像我媽媽，因為腳的平衡出現問題，擔心跌倒，不再去公園運動，所以失去了朋友；加上無法控制自己的生活，需要依靠別人，甚至因為子女感受到壓力，不敢回家看父母，這些都可能加重老人的憂鬱。

尤其老人家礙於面子，可能不太願意說出自己內心真正的想法，身體又比較弱，一旦萌生自殺念頭，成功率往往很高。所以當老人家說出「不想活了」這些話時，家人若只覺得老人家在「情緒勒索」而輕忽，有很高機率會發生憾事的，不可不慎。

02 /

那些白費的努力

在深入了解老年憂鬱症後，想到自己在過去幾年間，對媽媽情緒狀況的不耐與不滿，我感到非常愧疚。但我必須說，就算知道她身心都生病了，我還是有很多過不去的情緒。

仔細想想，何止媽媽？好幾度，我可能也都踩在憂鬱症的邊緣。

這些年來我有著非常多照顧者的低落情緒，只是我都不說。曾經每次帶媽媽去看醫生回家後，我都必須先找一個地方大哭半小時，宣洩我從媽媽身上接收到的滿滿抱怨與負能量。總要等心情平靜下來後才敢回家，因為不想讓先生和孩子發現我的沮喪。

曾無數次幫媽媽安排好各種醫療、生活上的照顧，甚至長照服務，都被她以各種理由臨時取消。例如改造家中浴室就取消不止一次！甚至某次是在師傅隔天就要進場施工的前一晚，才跟我說還是不要好了。

「因為人住在裡面，要施工很麻煩，這會讓媽媽情緒更差。」我爸在電話裡這樣說。

為他們安排每一件事，前後都需要耗費許多的討論與時間，尤其先生常出差，偽單親的我，又有那麼多工作及家裡事情要忙，但他們總在一通電話的時間裡，就推翻原本說好的事情，讓我所有的努力形同白費。

很長一段時間，我都陷在沮喪與憤怒交織的複雜情緒裡。

又如請看護這件事也是。

醫生四年前就提醒我要幫媽媽請一個看護，除了平常與她同住的主要照顧者是八十多歲的爸爸，實在太危險之外，最主要是醫生覺得我會累死，有個看護至少可以分擔我部分壓力。

但固執的爸爸堅持不要外人住進家裡，即便醫師都開出了證明，他們還是不肯，最後我只能眼睜睜看著那紙證明過期。

可我還是需要有人陪伴媽媽就醫、復健，畢竟我沒辦法每週都請假。所以我開始接觸、使用長照服務，這過程需要很多學習，也很靠運氣。可惜使用沒多久，疫情就大爆發，居服員當時承受第一線壓力，許多社區更不讓居服進入，我們也必須中斷這個服務。

在醫師勸說下，我第N次跟父母提出請看護需求，他們終於點頭同意。這幾年看護人數真的很少，終於在前年十月排到了看護，讓我在照顧父母的日常上能稍稍鬆口氣。

不過，一直以來影響我最大的還是媽媽的情緒。

身心科診斷媽媽有老年憂鬱和焦慮症，說真的，全世界最知道她有多焦慮的，就是我爸跟我。不同於總沉得住氣的爸爸，每當我媽焦慮時，我都比她更焦慮、更緊張。我爸總是跟我說：

「妳又不是不知道妳媽，妳就不要管她就好。」

但我真的沒辦法。每當媽媽跟我抱怨她身上的任何不舒服，或喊著自己不想活了，我就會很認真的把它當作一個媽媽交給我的作業，努力想解決的方法。

你想知道我能解決多少嗎？真正能解決的可能不到二〇%，除了幫他們張羅日常生活所需要的用品，有關她生理或心理健康上的改善，我似乎無法有任何實質幫助。這讓我非常非常痛苦。

但這一年多來，我終於慢慢領悟到：

—我必須接受有些狀況我真的改變不了。

—媽媽的各種情緒反應與無止境的抱怨，其實只是一種很糟糕的撒嬌。

——老了的媽媽就是個孩子，只是我很難接受曾經是我最強後盾的她，怎麼會變成這個樣子。

這些自我情緒的梳理，和「承認並原諒自己的能力不足」，非常困難，尤其是對我這麼好強的人來說。很幸運的是，這幾年中，我透過工作得到很多好朋友的專業陪伴，慢慢找到自己情緒的糾結點。

過去很長一段時間，我都想著要改變我媽，改變她的負面思考，改變她的悲觀，但改變別人真的是痴心妄想，尤其當知道她這些可怕的情緒問題，是因為老年憂鬱才變本加厲，我終於想通：改變自己才是解決之道。

03/

不勉強也是種溫柔

我開始學著放慢與爸媽在一起的腳步。

不再要求什麼事情都要有效率、都要有結果。提出一項建議，若他們不接受，「這是意料中事」，所以我不要急、不要氣，等下次有機會再試試看。如果哪天他們終於接受了，我就像中了頭獎一樣開心！

就拿出門吃飯這件事來說，他們大概拒絕了我兩年，某次總算用「陪我吃生日飯」為由，把他們「騙」上陽明山。原本訂了超熱門的知名餐廳，用餐時間是一點十五分（午餐的第二輪），我媽卻嫌太晚（比平常吃飯晚一小時），我只好取消，最後選擇了爸媽以前常去、也最習慣的竹子湖某餐廳，簡單吃吃。

媽媽以前行動自如，整天開車到處趴趴走時，一到夏天他們兩人幾乎都泡在陽明山上避暑。對，我家負責開車的是我媽！我爸不會開車。媽媽當年之所以去學開車，是為了想載我上下學。

那天天氣很好，又正值繡球花開的季節，平日人少，我前後問了他們超過十次：「要不要去繡球花農場走走？」我媽都說不要。

都騙到山上了，旁邊不遠處就是繡球花園，竟然還是不肯去看看花！以前我一定會很氣，但這回我笑笑沒說什麼。就沿路慢慢開車當兜風，讓爸媽看看青山美景。突然間老爸開口：

「其實不用特別去吃什麼有名餐廳，也不用特別去賞什麼了不起的花。能來看看我們以前常來的地方，妳媽就覺得很開心了。」

在那一刻，我明白了：

「不勉強，也是一種溫柔。」

我不要把照顧爸媽這件事，當成自己的成績單，還苛刻的為自己打分數。因為這張考卷不但難，題目還會一直變，我告訴自己：且戰且走吧！能多跨出一步，都是好的。

例如原本只肯在家樓下走走的媽媽，已經持續上了一年多的老人運動課程，雖然其他團康聯誼活動都不參與，但她願意從家裡走出去，已經讓我非常開心。更令人高興的是，在老師們一年多來持續不放棄的邀約下，今年過年前，她終於參加了學苑舉辦的「圍爐」活動，跟其他長輩一起提前賀年。當我看到看護傳來的照片和影片中，有「社恐」的媽媽，笑著跟大家一起遊戲、享用餐點，我的眼淚都快掉了下來。

現在的我時刻提醒自己：慢慢來，不勉強也是一種溫柔。

但我真的花了很久時間，才讓自己接受：

「這樣的不堅持，並非不孝。」

給
願意理解母親
的你

我們都沒老過，

我們真的不懂老的感覺。

不需要加油，只要陪伴

01 / 一線曙光

某次在身心科候診室，我看到了「重複性經顱磁刺激」（rTMS）的海報，上面寫著適合「對於藥物反應不佳」或「不適應藥物副作用」的憂鬱症患者。我心想：這不就我媽媽嗎？不過，當我詢問那時為我母親看診的醫師，他表示根據統計，只有四成患者會覺得狀況有所改善，而他認為這對我媽媽可能沒用，還是先考慮藥物治療。

只是後來藥物治療持續失敗，不管醫師換什麼藥，我媽都吃一次就說不舒服，拒絕繼續。我上網查找資料，想對rTMS有多一點了解。確認這個治療幾乎無痛感，資料上寫著：「rTMS是透過磁生電的物理特性，利用磁場所產生的電流來刺激或抑制腦部活動，例如刺激重度憂鬱症患者的大腦左側額葉，以增進額葉調控情緒的功能。」

我找上老年憂鬱症患者較多的袁瑋醫師，詢問我媽媽是否可試試這項治療？她的看法與前一位身心科醫師不同，認為媽媽很適合。事實上當時我也沒別的方法了，就是一種「死馬當活馬醫」的概念。於是我為媽媽預約了二十次的rTMS治療，一週打二至三次，每次十五分鐘左右。

但一開始並不順利，光是整天要跑醫院，就讓老人家覺得很累、很煩。爸媽根本不想做這麼貴的治療，媽媽只問：「打了腳會好嗎？不會？那做這幹嘛？」爸爸知道這是為了治療憂鬱症（我對爸爸都說實話），但他始終認為憂鬱症不是病，是「個性問題」，治不好的，就算用的是女兒的錢，也不應該這樣「亂花」。

不過，壓垮駱駝的最後一根稻草，是好不容易去打了幾次，媽媽突然發生耳石脫落狀況，只要一動就天旋地轉，讓原本就會頭暈的媽媽更加驚恐。雖然經過幾週終於完成耳石復位，但媽媽說什麼都不肯再打 rTMS，認為耳石脫落與打腦波有關，理由是「耳鼻喉科醫師這麼說」。

我詢問醫院裡主要會開立這項治療的身心科及神經內科，兩方專科醫師都說不可能，可是媽媽卻十分堅持，偏偏我無法陪著看診，也不能確定耳鼻喉科醫師到底怎麼講的？當時我跟媽媽起了嚴重爭執，她堅持：

「憑什麼身心科醫師說的就對？耳鼻喉科醫師說的，妳就不信？」

為了取信媽媽，最後我輾轉找到幾十年前，曾為媽媽開過耳疾手術的陳光超醫師（目前為中國醫藥大學附設醫院全方位聽覺健康中心副院長，也是媽媽最信任的耳鼻喉科醫師），請教他 rTMS 是否可能導致耳石脫落？他回覆兩者之間並無關聯性，耳石脫落患者大部分都原因不明，但年紀大了確實比較容易發生。直到看了陳副院長的回覆，媽媽才不再堅持，勉強同意繼續做 rTMS 治療。

這也顯示出，媽媽的老年憂鬱及焦慮確實相當嚴重，加上聽覺障礙，更讓她容易誤解他人意思（她左耳因為慢性中耳炎，早已失聰二十多年，並長期處於耳鳴不適狀態）。後來我研判，並非耳鼻喉科醫師的診斷錯誤，而是媽媽自己認知有誤，且只會往負面悲觀的方向解讀。

若你家老人家也出現「凡事都負向解讀」這種傾向，就必須注意是否患有老年憂鬱症。我同學的母親也是一樣，很容易把一些小事放大，有次我同學接到父親電話，語氣非常著急，說媽媽剛去看牙醫，結果哭著打電話回家說自己可能得了口腔癌。我同學說怎麼可能？第一、媽媽沒有任何症狀，第二、媽媽今天不是只是去洗個牙嗎？

她立刻打去牙醫診所，牙醫聽了也大吃一驚，說妳媽就只是來洗牙，很健康啊！最後追問媽媽的結果，才知道只是因為醫生問了她一句：

「〇媽媽，妳今天自己一個人來嗎？沒有家人陪妳嗎？」

她心想：醫生為什麼突然問這句話？那個表情看起來「不太對」，是不是醫師發現了什麼嚴重的事，但因為沒有家人在，不好跟她明講。就因為醫師隨口的一句問候語，同學媽媽竟可以聯想到口腔癌。

「所有事情都往最極端負面的方面去想」，身心科醫師說這就是明顯的憂鬱症傾向。

02 /

短暫復原

回到媽媽的 rTMS 治療，做完前十次，我真的有「這錢應該是丟到水裡了」的心理準備，因為感覺媽媽的情緒沒有任何改善。但醫師告訴我，媽媽的情況較嚴重，一定要打完二十次再評估。所以我一直「騙」媽媽，這治療的重點是在改善失眠，用以降低安眠藥用量（她相當在意這件事），也對改善頭暈有幫助，她才願意繼續做。

其實我也不能算是完全在騙她，因為rTMS確實在某些個案上看到效果，只是並非人人都有用。我一位朋友的先生，才六十歲就巴金森氏症病發，手抖得非常嚴重，由於他仍在職場，且擔任要職，這影響太大，加上他也有憂鬱及長期失眠症狀，於是神經內科醫師建議他進行rTMS治療。他總共做了四十次，花了二十萬，手抖狀況大幅改善，已完全不影響生活，可回職場工作，但憂鬱跟失眠改善卻有限，還是得持續服藥。

在療程進行到剩最後五次時，我發現媽媽有點不同了：放空、呆滯情況似乎有改善，最明顯的變化是臉部比較看得出情緒。

之前有很長一段時間，我覺得媽媽「面無表情」，看起來呆呆的。不只是不會笑，也不會生氣，甚至不會哭。平常自己一個人連家門都不敢走出去的媽媽，在我開車崩潰大聲吼她那次，居然說她要下車、自己回家，這代表她當下已經無法再忍受跟我同在一處，但她臉上卻看不出任何生氣跟傷心。

做完二十次rTMS治療後，我覺得媽媽的整體情緒狀況有改善。雖然還是愛抱怨自己的身體狀況差（明明就沒那麼差），但至少比較願意聊天、說話，也會笑了。因為當時沒有搭配任何藥物治療，所以我認爲rTMS對她的憂鬱症是有幫助的。不過大約半年後，我覺得她狀況好像又變差了些，「難道要再做一輪治療嗎？」這似乎不是治本之道，長期也確實會帶來經濟負擔。

就在我四處找資料研究時，曾上過我節目幾次的作家老黑，在臉書上揭露自己罹患憂鬱症的痛苦及治療過程。他在海外旅途中因憂鬱症發作緊急回台，雖經藥物治療立刻改善，但短短兩週又再度復發。後來他也做了rTMS治療，甚至多達近七十次，但同樣是短暫改善後，病情又急轉直下，被其他醫師診斷為連rTMS治療都無效的「頑強型憂鬱症」。

最後他找上當時在中國醫藥大學新竹附設醫院，以治療躁鬱症和憂鬱症著名的周伯翰醫師（現為自己開設之「周伯翰身心醫學診所」院長），經過儀器檢查及詳細問診，周醫師判斷他是被誤診為憂鬱症的躁鬱症患者，短短半年內發作三次的其實不是憂鬱症，而是「第二型躁鬱症」的「鬱期」。確認病因、調整藥物後，反覆困擾老黑的憂鬱症狀，在短短兩週內迅速改善，且獲得持續控制，讓他終於能繼續和妻子到世界各地旅遊。

老黑的故事讓許多人（包括我在內）注意到：

一、原來很多患者以為自己是憂鬱症，實際上是躁鬱症的鬱期。

二、以治療憂鬱症的方式處理躁鬱症，雖能讓躁鬱症的鬱期短暫復原，但效果很快會流失。患者覺得的「有效」可能只是進入下一輪的躁期，很快便會再次進入鬱期。

周醫師說，第二型躁鬱症患者被誤當憂鬱症治療的比例，可能高達六、七成。兩者間的區別，他是這樣形容的：

憂鬱症的大腦是「沒電」的電池，患者接受抗憂鬱藥物治療，症狀就會改善；躁鬱症鬱期的大腦則是「漏電」的電池，因此需要以情緒穩定劑或抗精神病藥物治療，把「漏電的地方補起來」。rTMS雖然在治療憂鬱症上有很不錯的效果，但若在接受治療前，沒有正確區分患者是憂鬱症或躁鬱症鬱期，治療效果常會「快速流失」。因此先進行腦波檢查，再配合醫師臨床問診，「量身制定」適合每個人的治療計畫，才能更落實精準的憂鬱症評估與治療。有些第二型躁鬱症患者狀況不太嚴重，甚至不需要做到昂貴的rTMS治療，光靠藥物調整就能迅速改善。但若只當成憂鬱症，沒有對症下藥，就有可能讓患者反覆深陷憂鬱痛苦長達數年之久。

03/

假性失智

腦波檢查有很多種，周伯翰醫師用以區分躁鬱還是憂鬱的儀器是「近紅外光腦光譜儀」（NIRS），這也可以協助判斷另一個讓現代人很擔憂的問題：長輩究竟是真失智還是假失智？

周醫師認為媽媽反應較遲鈍、呆滯，及容易忘記說過的話、做過的事，不太像失智，比較像「體質性憂鬱」導致的「假性失智」，這可以透過問診及NIRS輔助來判斷。

什麼是「假性失智」？周醫師解釋，憂鬱症是大腦功能失調的疾病，而老年憂鬱症患者，認知功能退化會特別明顯，患者常覺得自己變笨，但認知功能檢查往往沒那麼差，而這種情形會在憂鬱症狀改善後慢慢回復，這在醫學上就叫「假性失智症」。兩者相比如下：

一、**失智症**：通常是不知不覺來到的，發病過程緩慢、較長。患者較少抱怨認知功能障礙，甚至會企圖隱藏。進行問題測驗時，會很努力回答，但常回答錯誤，可能會說一些根本沒發生的事，近期記憶比遠期記憶受損嚴重。另個重點是，患者對於自己的失智現象，往往表現得漠不關心。

二、**假性失智症**：病程進展快，發病時間較明確、較短。患者常會抱怨認知功能障礙，強調自己無行為能力。不願意嘗試回答簡單問題，你問他問題，他可能直接就回答你不知道，近期和遠期記憶通常都受損。另個重點是，患者對記憶退化感到很焦慮，通常在認知功能缺損發生前，就開始有憂鬱情緒。

其實看完兩者比較，我幾乎可以判定我媽媽是假性的了，果然最後檢查結果確認是假性失智（我暫時鬆了口氣）及躁鬱症，合併強迫思考，醫師開了抗憂鬱、情緒穩定劑及抗精神病藥物，往躁鬱症方向治療，並強調先不用再花錢繼續新一輪rTMS治療。

媽媽這回居然很乖的吃了一陣子的藥，真是出乎我意料！治療憂鬱症本來就很不容易，這幾年下來我真心體認到，除了問診詳細度及給藥方向，醫師是否運用適合的儀器協助判斷病情，及本身專業等都是關鍵。以媽媽最後這段治療為例，當知道媽媽對藥物的敏感度、排斥度極高，周醫師請我持續向他回報媽媽的用藥狀況，針對媽媽即時的感受與反饋，迅速調整用藥，將病患主訴的不適感降到最低，而非一般必須「忍個」兩週後再調整，這應該是我媽願意服藥的重要關鍵。

最後媽媽的藥物以非常低的劑量服用完畢（說真的，這種吃法到底有沒有用我都不知道），但有約莫半年時間她都沒有再出現明顯憂鬱期，生活平穩，不再一見到我就開始自怨自艾，跟我聊天時會笑得開心可愛，這對我來說，真的就是一百分了！雖說近期媽媽情緒可能因為季節因素又開始變糟（醫師說清明、端午、中秋，都是容易發作時機），每天喊著自己可能活不過今年，但我至少比較有方向，也好跟醫師討論下一波的治療對策。

04 /

看見改變

說實在的，我無法確認是什麼改善了媽媽的憂鬱狀況。躁鬱症方向的治療、先前的rTMS治療，可能都有幫助，一週二到三次的老人課程一定也有幫助（能讓她持續與家人之外的人接觸交流，我覺得非常重要），看護的照顧讓她安心，可能也有幫助。

甚至我會想，我改變自己的想法，穩定自己的情緒，不再因為媽媽的一句話、一個反應就過度焦慮，進而給彼此壓力；不再害怕回家，打電話前不必再深吸三口氣……這些，是不是媽媽也都感受得到？

是不是因為這樣，媽媽從我身上感覺到的，不再只是「背負責任的壓力」，而是「女兒對她的愛」？

我還記得要帶她去新竹找周伯翰醫師之前，我問她：「要不要跟我去新竹半日遊，『順便』去看一個很厲害的醫師？」她回了一堆問題和理由：

「但下大雨怎麼辦？」

「我沒有力氣走路。」

「我沒有辦法在車上那麼久，我要上廁所。」

「這對我的腳會有幫助嗎？」

「我真的還有救嗎？」

「我覺得我的體力沒有辦法負荷。」

「那我上課變成要請假耶！」

「那天有人要來家裡送床墊怎麼辦？」

（以下省略一百個問題和理由）

過去的我可能已經爆炸，覺得「妳就是不想去，所以找這麼多理由！」但當時的我已調整到「她拒絕是正常，願意是我撿到」的心態，所以很「優雅」的進行所有問答。沒想到她最後竟然說好！但最後多來一句：

「這是不是又要花很多錢（可能想到先前的rTMS治療）？那我需要帶錢嗎？」

我笑著說：

「妳跟我出門什麼時候需要帶錢了？我就是妳最大的錢包。」

電話那頭的媽媽發出了可愛的笑聲，聽到她的笑，我開心到眼眶有些濕潤。照顧者真的要先照顧自己的情緒。有時我們不是不孝，只是我們不是什麼都能做到。

我知道媽媽接下來將是我最大的孩子。生平最討厭麻煩人的她，到了年老什麼都需要靠別人，她比誰都生氣與痛苦。現在的我對媽媽，比對兒子還有耐心得多。

過去我一直責怪媽媽不肯再努力一點，後來我明白我責怪的，其實是「沒辦法解決媽媽問題的自己」。但我學著慢慢做到：對她，我不必「要她加油」，也不用「幫她加油」，我只要陪伴就好。同樣的，對我自己也是。

在照顧父母的路上，轉個念，不把它視為責任，不只是為了「孝道」，就單純只是「我很愛我的父母」，突然間，我似乎就不需要那麼多的加油了。

給
過度承擔
的你

不要把照顧家人視爲責任，
而是因爲對家人的愛。

那些長照家庭的「人間鬼故事」

01 / 長照的擔子

從國中時爸爸跟我說，他走後不要下葬、不要留骨灰，「獨生女的責任」就植入我腦海中。小時候不懂，心裡想著的只有：萬一哪天爸媽走了，後事都得由我一個人決定、承擔，當然悲傷也是。直到四十歲過後，才明白最需要人商量跟分擔的，是父母年老時的照顧。不只是花時間、花精力，還有很現實的經濟負擔。

根據內政部最新統計，二〇二三年全台扶養比（零至十四歲及六十五歲以上人口，除以十五至六十四歲的工作年齡人口之百分比）達四三．四二%，創二十四年來新高。其中台北市的扶養比更高達五二．三六%，意即每兩位工作年齡人口，就必須背負一位以上的老幼依賴人口。台北市的中壯年人（就是我）這「上有老、下有小」的「三明治壓力」，居全台之冠！

這是有統計以來的最高數字嗎？不，台灣「三明治壓力」最大時期是一九五九年到一九六五年間，動輒破九〇%，幾乎一比一，每人都要背負一個人。但當時扶養對象主要是下一代，以一九六五年為例，當年扶幼比達八五．五三%，而扶老比僅五．〇五%；但反觀去年，扶幼比降至一七．二一%，扶老比數倍增至二六．三一%，老化指數（六十五歲以上人口，除以零到十四歲人口之百分比）更達一五三．八三%，創史上最高。

根據國家發展委員會的推估，未來台灣的扶幼比可能會維持目前這個數字，但扶老比將會持續攀升，整體扶養比當然也會跟著向上。到了二〇六〇年時，台灣扶養比會超過一〇〇%，每一．二位工作年齡人口，即須負擔一位老年人口。

看到這數字時我默默算了算，二〇六〇年如果我還活著，我八十六歲了。如果我老公也還活著（應該還活著啦，畢竟他娶了個賢妻，又比我小六歲），我們的兩個孩子負擔我們兩個老人，扶老比尚在國家預估值內，我也算對得起國家社會，沒有造成多餘負擔。

不過每當身邊那些只生一個孩子的友人，擔憂他們的獨生子女未來壓力會很大時，我總安慰他們：

「其實只要我們能盡量先規劃好自己的老年人生（包括金錢及生活方式），對獨生子女來說，真的不見得是壞事。本來就一個人，什麼都自己決定、自己擔，總好過有兄弟姐妹，結果大家意見一堆，最後還是得自己一個人擔好吧？」

這確實是我的肺腑之言。父母開始需要我照料的這些年來，我身邊同時也有好多女性朋友，早走在長照這條路上。看著她們的委屈跟辛苦，我常慶幸：還好我是獨生女，還好我爸媽在經濟上不太需要倚靠我；更還好的是，就算他們需要，我一個人也有能力擔起一切。

02

W的故事

朋友W是出了名的孝女。雙親一個中風全癱、一個失智失能，雖然請了兩名看護二十四小時照顧，還額外請人打掃清潔，但要忙的雜事仍多如牛毛。光是每個月安排老人家就醫，與醫師討論病情及照顧方式，還要張羅飲食、生活必需品和醫療用品（連看護們的也要張羅）……就夠複雜瑣碎了。尤其前幾年新冠疫情期間，兩位老人無法（也不放心）帶出門打疫苗，光這件事我就看著她傷透腦筋，來回聯繫不知道多少次。

某次我們幾個姐妹難得聚會，她剛抵達時就有點心神不寧。我私下問她還好嗎？她說出門前爸爸有點不舒服，所以她手機監控系統得一直開著，以便遠端掌握狀況。果然主餐都還沒上，她就跳起來說要回家了，因為從監控畫面中看到兩個看護一直在拍爸爸的背，忙進忙出，她先打給看護了解狀況後，立刻致電醫生並趕回家處理。

剛認識W時，我一直以為她跟我一樣是獨生女，後來才知道她家其實有四個姐弟，她是大姐。我問那為什麼爸媽都是妳在照顧？

「他們就各有各的難處啊！一開始我想，身為大姐，由我來負責照顧爸媽也不為過。後來愈想愈不對，從小每個孩子獲得爸媽的照顧與愛，甚至分得的家產，都是一樣的，現在爸媽老了，也該讓他們感受到每個子女對他們的掛念才對。」

「反正看護、打掃，我早都安排好，所以我說大家輪流、按表操課，我們家人多，幾個月才會輪到一次負責主理。沒想到第一個輪到的人就因為小事跟看護吵起來，此計畫實施沒幾天就作罷。」

我問然後呢？

「不就回到最初，還是我來管嗎？畢竟這麼多年了，也沒人比我更了解爸媽狀況，不過至少讓其他人知道，這一切沒那麼容易。非真正照顧者總以為只要有幫手幫忙，照顧爸媽『應該』很輕鬆，但每天需要處理的瑣事與情緒，還有自己被綁死的壓力，那些都是看不到的。」

我問W不會覺得不公平嗎？

「一開始當然也會，不過後來認識了一位跟我狀況類似的大姐，她比我還辛苦，她父母重男輕女，錢都給了兄弟，她幾乎沒分到什麼，但父母卻只有她一個人在照顧。她告訴我只要每天催眠自己『我其實是獨生女、我沒有兄弟、我爸媽只有我一個小孩……』就會豁然開朗了。我跟妳說，這超有用的！我現在在照顧爸媽這件事上，就真的當我自己是獨生女。」

我忍不住笑出聲，突然覺得我爸媽對我真好，沒再給我生幾個弟弟妹妹，讓我少受很多氣。否則以我的個性，一定也是擔起一切的那種大姐，然後被可能不負責任的弟妹氣得半死。

03/

H的故事

但跟我的好友H相比，我覺得W的情況又算好的了。

我認識H時，她父親剛因為癌症過世，才六十出頭，非常年輕。當時剛滿三十歲的H，為了讓爸爸用比較好的自費藥，花光了自己工作近十年來存下的所有積蓄，但還是沒能延續爸爸的生命。

爸爸走後，照顧罹患糖尿病媽媽的工作就落到她一個人身上，她長年帶著媽媽進出醫院，當然也是家裡的經濟支柱。媽媽身體一度很糟，視力也逐漸惡化，但在她的悉心照顧下，偶爾還能和她一起出遊，雖然去不了太遠的地方，但還是留下許多母女的開心畫面。十多年來我從沒聽過H抱怨她的生活，甚至她選擇結婚對象的最重要條件，就是願意跟她媽媽一起住。

跟近兩年許多不幸的故事一樣：慢性病患遇上了無情的新冠疫情。其實她媽媽在確診當下，狀況並不危急，反而是已痊癒幾週後的某一日，突然在家中倒下。當H下班回家發現時，媽媽已經不知道休克多久。雖經一一九緊急送醫，急診用盡辦法搶救，一度讓媽媽恢復呼吸心跳，但醫師明示暗示她，媽媽狀況很糟，現在可以說是只靠著儀器在維持生命。如果再一次陷入危急狀態，建議家屬可以思考「要不要積極搶救？」

然後我接到了H從急診室打來的電話：

「我知道我好像不該讓媽媽受太多苦，但是我真的做不到，我沒辦法告訴醫師不要救。我甚至覺得媽媽會變成這樣，都是我的錯。都是因為我最近換工作，所以白天那個時間我才不在家，讓媽媽一個人倒下，沒人在她身邊。」

「其實媽媽前幾天就有些不舒服、很疲倦，我本來想帶她去看醫生，但她太累不想出門，我也告訴自己應該只是新冠後遺症；加上剛換工作，我真的太忙也太累了……一切都是我的錯，才讓媽媽變成這樣。如果現在我還不救媽媽，那我豈不是太不孝了嗎？」

聽到這裡，我忍不住對著話筒大哭（對，是我大哭、不是H）：

「妳怎麼會不孝？妳怎麼可能不孝？如果連妳都叫不孝，這世上也沒幾個人稱得上孝順了。妳是因為以前輪班工作，時間不固定，不方便照顧家人才換新工作，妳也是為了媽媽啊！我真的太心疼妳。一直以來都是妳在照顧所有人，但誰在照顧妳？妳真的沒有做錯任何事，妳是我認識最棒的女兒了！」

「可是如果我沒有錯，為什麼老天爺要這樣對我？」H也哭了。

「很多事情就是發生了，沒有道理可言。就算妳沒換工作，白天在家，但媽媽有可能白天好好的，晚上妳出門後才倒下。老天爺什麼時候要讓什麼事情發生，不是我們能預測跟掌握的。而且妳有多愛媽媽，她比誰都清楚。或許她累了，或許她不想妳太苦，所以沒在妳面前倒下。那是她愛妳的方式。」

「可是我還是做不到……我放不了手……」H泣不成聲。

「那就不要逼自己放手，順著妳的心。一直以來妳都把媽媽照顧得很好，現在我要妳照顧自己的心，太痛苦的決定，做不了就不要做，即便別人告訴妳『妳應該這麼做』。」

隔天清晨，手機裡傳來H的簡訊：

「媽媽走了。謝謝妳昨晚陪我說話。最後我還是簽不下去，是我妹簽的。」

後來H告訴我，媽媽當天夜裡狀況幾度危急。先急救了一次，第二次數值又掉下來時，醫師問她還要救嗎？她知道她該簽，別讓媽媽再受急救之苦，但她真的辦不到。

「我握著筆的手抖個不停，哭到看不見放棄急救同意書上的字。這時我妹把筆接過去，冷靜的說『我來簽吧』。」

「我真的很感謝我妹為我做了這個決定。妹妹跟我不一樣，一直以來她都是個自我性格較強，且愛好自由的人，所以她很早就離開家，十多年來不論是爸爸或媽媽，都是我在顧。妳問我有沒有怨過？仔細想想還真的沒有。因為我知道這些事她做不來，她就是小妹。但最後，她為我擔下我承受不了的責任與壓力。」

「事後我妹出現了一些情緒症狀，包括失眠、憂鬱，也去看了身心科。我心疼她，我知道這原本可能會是我。辦完媽媽的後事後，我內心深處第一次覺得，我好像暫時可以鬆口氣。」

在照顧家人的這條道路上，不論決定擔下哪一種責任，都困難。決定扛起照顧之責，真的不容易；但決定讓家人離開，又何嘗不需要勇氣？

爸媽都過世後，H的人生彷彿才真正屬於她自己，這年她已經過四十五歲。我現在正開始要走的路，她已經走完了。當我在為事業拚搏、談戀愛、結婚生子的年輕及中年歲月裡，她最重要的角色是「女兒」。我們常說在父母面前，我們永遠是長不大的孩子，但H在母親過世快滿一年時告訴我：

「仔細想想，我好像從來沒當過小孩。」

緊握著她的手，我們都哭了。為那個很早就得長大的小H而哭。

04/

C的故事

每個長照家庭，都有自己的故事。但接下來要說的這劇情，早前我真的只有從新聞裡，及常上我節目的律師們口中聽說。直到好友C遇上，我才知道兄弟姐妹間，為了照顧父母及分遺產反目成仇的「人間鬼故事」，不但真的存在，其傷人心的程度，或許不亞於病痛之苦。

C是兄弟姐妹中年紀最小的，但她渾身上下嗅不出半點老么氣息，不但自己家裡老公小孩都照顧得好好的，工作上也是拚命三娘，對老闆交付的任務永遠使命必達，在朋友間更是義氣擔當，大家都愛她。

而這種性格，也讓她成為年邁父親的主要照顧者。一般來說，由老么負責照顧爸媽，在華人社會中比較少見。但C本身沒有小妹的任性，也因為跟兄姐們年紀差距大，她對他們的情感，有時候倒比較像對長輩的尊敬。

兄姐們都很早結婚，且移居他鄉，而C因為父親高齡才生下她，所以跟H一樣，才三十歲左右就面臨父親衰老，需要人照顧的問題，因此她一直不敢離家太遠，結婚生子後，就在父母家附近租屋。老爸爸脾氣倔強，加上語言隔閡，跟媽媽及看護常處不來，她三天兩頭就得回娘家「排解糾紛」，有段時間更是天天買晚餐回去給爸爸吃。

「奇怪了！妳家有外傭，為什麼還要妳買飯回家啊？」

「我爸嫌外傭買的東西難吃，除了不肯吃，還會大發雷霆，我媽就會跟他大吵，最後我還是得回去排解……乾脆我買回去，大家相安無事。」

看著C整天在公司、娘家、自家三地衝來衝去，連我都覺得累，但在朋友面前，她總是開朗的像個小太陽。唯一讓她真正苦惱的，是因為不敢離爸媽太遠，讓她必須放棄升遷機會。

C任職於外商公司，因為負責任、表現好，一直是公司打算拔擢的人才。許多外商公司的中高層主管都須外派輪調，得先到其他國家待個幾年，增加閱歷及海外工作經驗，回來後才能再獲得晉升。C兩度被公司徵詢外派，都因為父母因素不得不婉拒。第二次主管告訴她：

「外派，是要在公司當上高層主管的必經之路，當妳的人事資料上被註記『無法外派』，就代表妳在這間公司的發展只能到此為止。妳這麼優秀，這除了對妳和公司都是損失之外，妳還必須有個心理準備：這個位置不會空著。妳不上去，就是跟妳同期的人，甚至是妳的下屬上去。妳能接受嗎？」

「不能接受，也得接受。」C這麼告訴我，爸爸年紀這麼大了，身體也不好，她沒辦法放兩個老人自己在台灣，太危險了。

「那妳哥哥姐姐們怎麼就可以？妳顧了這麼多年，難道不能有哪個人回來接手兩年，讓妳去累積一下工作資歷嗎？」

這話在心裡梗了好多年，但我從沒說出口。除了家家有本難念的經，最重要的是，C是真心甘願。我從未聽她抱怨過兄姐，在外人眼中，他們感情也極為親密。

只是這一切在父親過世後，全變了。父親後事才剛辦完，兄姐們就說要處理父親的遺產，動產部分沒太大問題，主要爭議的是父母的住所，也是父親唯一的房子。由於兄姐們幾十年來各自在國外生活、工作，只有C一直在台灣，貼身照顧兩老，老父親在過世前一、兩年就決定，將這唯一的房子過戶到C名下，簽名前也告知其他孩子們，大家都同意。結果父親過世後，兄姐們主張要賣屋分錢，當時母親和C一家人，都還住在這屋子裡。

兄姐們雖「同意」不立刻賣也行，等媽媽過世、C的孩子成年後，再賣掉分錢。但若這時間點是十年後，已近耳順之年的C把房子賣了，要去哪住？十年後的房價，她還買得起另個家嗎？兄姐們說那就請銀行鑑價，看這房子值多少錢？而且不宜用現在的市價，要將未來可能的漲幅納入計算，然後分成四份，讓C現在就把屬於三個兄姐的錢，分給他們。

很多人看到這裡可能已經有跟我一樣的疑問：首先，這房子不是已經過戶給妹妹了嗎？而且爸爸做這決定時，是大家都知道且同意的，為什麼後來還可以要求分四份？其次，就算要分，也不是這樣分的啊！媽媽還在世，就算要分，也應該是媽媽先分一半，剩餘的一半再分成五份（媽媽及四個孩子一人一份），也就是兄姐們每人最多分十分之一，而不是他們所要求的四分之一。

但C一方面對遺產法規不熟，另方面，也是最主要的原因：她從小就不敢違抗哥哥姐姐，所以她竟然真去了銀行，打算照銀行鑑價的結果，貸款支付兄姐們要的錢。好在當時銀行理專發現她要貸款的金額超出她能力範圍，詳細詢問來龍去脈後，連忙阻止她，還給了她一名熟識律師的電話，請她先去問清楚，兄姐們這樣的要求到底合不合理？

律師告訴C，依法兄姐們其實只能爭取特留分，但這跟他們的期望值落差太大，他們一定不會接受，到時候就只能打官司。C一想到要跟哥哥姐姐們對簿公堂，甚至連老母親也必須表態，她就退縮了。別說請律師出面，就連自己去跟兄姐稍微提一下這事，她都不敢。

她只跟哥哥姐姐們說，能不能依照銀行目前的鑑價結果來分？如果大家願意，她就咬著牙去貸款給他們，換取她和媽媽能安穩的住在「自己的」房子裡。但兄姐們不同意，討論破局。

說實話，這整個過程都讓我覺得不可思議！怎麼一家人都這麼沒有法律概念呢？妹妹在搞清楚自己權利後，還願意盡量滿足兄姐們的要求，是她念及手足情誼，不想撕破臉，但這些哥哥姐姐們是怎麼回事？吃定妹妹不敢反抗嗎？

總之這事愈鬧愈僵，但後來跟三個兄姐槓上的不是C，而是媽媽。媽媽其實真沒想過要和兒女們「爭產」，原本打算置身事外。但一方面覺得小女兒這些年真的為父母付出很多，另方面也實在看不下去三個孩子的言行，幾度被激得血壓升高，母子四人為了這事，反目成仇。

最後三位兄姐向C提告的理由是「詐騙」，認為她騙取父親的房產，這讓C傷心欲絕。律師要C放心，說穿了這只是為告而告，不太可能成立，果然調解庭上調解委員就提醒對方律師，房屋過戶程序完整，該有的簽名文件一應俱全，這絕對告不成，只是浪費資源，要律師回去勸告當事人，放棄提告、尋求和解。

最終的和解金額雖高於特留分，但遠低於一開始C願意分給兄姐們的錢。我一直說這是「天公疼憨人」，否則我不知道背負大筆貸款，又不能賣掉房子讓媽媽沒地方住的C，接下來這幾十年要怎麼生活？即便官司與錢的事讓C鬆了口氣，但這過程中她所受到的心理折磨及傷害，恐怕很難修復。

活到快五十歲，如今C跟我一樣、也是「獨生女」了，兄姐們估計以後再也不會往來。

原來外人眼中羨慕的手足好感情，常常都是因為某一個人，始終不計較。

05 /

照顧者誰來照顧？

為什麼特別寫這三個女性朋友的故事？是因為當中都有我感同身受的部分。

C為了父母，放棄出國升遷，我完全體會。在我擔任記者及主播的二十年間，我曾多次獲得同事們羨慕並積極爭取的海外就職機會，當年去的同事們，之後真的個個飛黃騰達，但我都在第一時間婉拒，理由一樣：

「我爸媽只有我一個孩子，如果出什麼事，我一定要能馬上在他們身邊。」

W霸氣的那句：「在照顧父母這條路上，我就當我自己是獨生女！」也真的安慰了必須獨自面對父母老去的我。

至於H的那句：「一定是我做錯了什麼，才讓媽媽變成這樣。」在我哭著回她「妳沒做錯任何事，妳是我認識最棒的女兒」的同時，我似乎也看到未來的某一天，在醫院長廊上崩潰、孤獨、自責的自己。我也想告訴那時的我：

「別哭，妳已經是很棒的女兒了。」

在長照路上，我們的關注焦點往往只放在「被照顧者」上，卻忽略了「照顧者」的疲累身心，該由誰來照顧？上網輸入「長照悲歌」四字，會看到一樁又一樁令人心碎的故事映入眼簾。

二〇二三年二月，一起判例引發了社會廣大討論。台北市一名七十八歲老婦人，四年多前不忍久病三十多年的丈夫飽受病痛折磨，持鐵鎚朝他頭部砸十三下後造成丈夫慘死，行凶後她告知社區保全自己殺了丈夫，請保全幫她報案。檢方雖以殺人罪起訴老婦，但同時也建請法院減輕其刑。一審法院考量此因長照壓力犯案，將她輕判兩年八個月。上到高等法院後，高院再以老太太所為是「情輕法重」，加上她長年照顧丈夫，瘦到只剩三十八公斤，已出現譫妄、辨識能力降低情形，三次將她減刑，最後輕判兩年，還罕見的給予緩刑五年。

這是典型的「老老照顧」長照悲歌，這樣的悲劇幾乎年年都有。但更多的是老父母照顧罹病子女幾十年，擔心自己走後，孩子沒人照顧，決定帶孩子一起走；或子女照顧失能年邁父母，不堪經濟及身心壓力，親手結束父母生命，甚至同赴黃泉。二〇一七到二〇二二年，台灣在五年內共發生四十四起，照顧者不堪長期壓力，殺害失能家人的不幸事件。前兩年新冠疫情爆發更讓此情況雪上加霜，光是二〇二三年就發生至少十起類似悲劇，當中被照顧者超過半數是長期臥病的老人。

二〇二三年五月，立法院曾召開「長照悲歌修法」公聽會，但只從《刑法》方面考量是否增加「情節輕微殺人罪」，針對特殊個案網開一面，絕對不是治本之道。真正要減少因長照衍生的社會問題，必須投入更多長照預算，將長照網絡編織得更密更廣。二〇二四年行政院政府預算中，長照政策編列近八百七十六億，已創歷年新高，但除了資源如何分配需要審慎評估外（例如目前重度失能者的長照資源，在許多民間相關組織看來，還是嚴重失衡），你我如何看待「照顧父母」這件事？或許是更值得思考的。

給
內疚自責
的你

老天爺什麼時候要讓什麼事情發生，

不是我們能預測跟掌握的。

措手不及變成照顧者！長照小白看過來

01／

外包就不孝嗎？

「什麼是壓垮照顧者的最後一根稻草？」

「應該是覺得『不親自照顧就是不孝』的想法吧。」

我曾兩度訪問「中華民國家庭照顧者關懷總會」（後簡稱家總）秘書長陳景寧，

根據家總的資料，目前台灣長照系統中八十多萬的被照顧者，有超過三分之二是長輩，隨著餘命時間愈長，這比例逐年增加中。大部分照顧者都是在「未預期」的狀況下，開始負起照顧責任，心情只能用「措手不及」來形容，我自己就是非常明顯的例子。

身為獨生女的我一直跟爸媽非常親近，就連住家也都是開車五分鐘就能到的距離。過去爸媽一直是我最堅強的後盾，包括九年前我懷老二時，住院安胎一百多天，爸媽也接手照顧外孫女的責任，當時我大女兒在外公外婆家一住就是半年多。前陣子我整理手機裡的照片，才驚覺不過就三、四年前，媽媽還健步如飛，會把自己的頭髮染燙得漂漂亮亮，三不五時還會燒一大鍋牛肉給我送來；卻在她的腳出現不平衡現象後，突然像老了二十歲！原本什麼都能做的她，現在什麼都不能做，也不敢做。

對我來說，相較於媽媽的日常起居「突然間」需要安排照顧，心理上的無法接受，或許更是在我開始成為「照顧者」初期，最感到痛苦的事。在照顧媽媽的情緒時，我並未意識到自己的心也需要被照顧，當責任、壓力、沮喪，混雜著自己其他身分所無法卸下的工作，不斷累積，某一天我突然驚覺，這條路跟育兒完全不一樣！照顧孩子的過程再辛苦，你總看得到盡頭，而且是愈走愈值得期待的，所以才會說是「甜蜜的負荷」；但父母親，他們不會變好，只會愈來愈糟，那個盡頭，是你連想都不敢想的。

沒有盡頭，或者該說是你極度害怕「看到盡頭」的這條路，我們怎麼可能只靠著自己走下去？

第一個要拿掉的「長照枷鎖」，我認為就是「一定要親自照顧父母才是孝順」的這個想法。我們要補位的，不僅是父母身體失能的照顧，更多的還有愛啊！像我是獨生女，不論經濟還是勞力，都無人分擔，長久下來被磨到只剩壓力和疲累時，與父母相處、能讓他們真正感受到被愛的時刻，還存有幾分？

所以一定要想辦法把部分工作分出去。如同家總一直在推廣的觀念：「勞務部分盡量拆包給專業的人」，把時間、精力與耐性留給父母，真正做到「愛的關係」的維護。這不只是避免照顧者被過度沉重的負荷拖垮，更重要的是，父母有機會得到更舒適的照顧。

當然，不是所有人都有資格或有能力聘請看護照顧，這時候真的要好好利用政府的「長照二・〇服務」。不過如前所述，很多人是措手不及的變成照顧者，根據家總分析，有超過五成三的來電求助者對於哪裡有長照資源？該問誰？該怎麼申請？毫無頭緒。這邊請你先記下家總分享的簡單口訣：

「長照一二三四」：一工具、兩電話、三步驟、四包錢。

02 / 一工具

「一工具」是指衛福部建置的「長照服務資源地理地圖」。只要點進網站，定位好你家裡的地址，再定位你想找方圓幾公里之內的長照資源，包括居家機構或是日間照顧的所有相關資訊，都會完整呈現。這工具的好處，除了讓大家方便查找資料，其實也可以讓我們先思考一下：我所居住地區的長照資源，究竟是豐沛還是匱乏？雖然一般人都會覺得長照資源當然是離家愈近愈好，但有時通盤考量後，有機會以距離換取更優質的照顧服務。

舉例來說，台北市地狹人稠，優質的長照機構往往一床難求，環境可能也沒辦法太寬敞。但外圍一些，例如往新北、桃園去找，不但可能得到更好的服務，花費金額也比台北市少得多。在陳景寧秘書長所分享的幾個家總輔導搬家個案中，有一個也是我覺得可以參考的模式：

這位照顧者是個孝順女兒，獨自照顧需靠輪椅出入的老爸爸。他們住在台北市的舊公寓裡，家附近沒有適合的日照中心，女兒要搬動老父親上下樓梯真的也太吃力，導致兩人整天被綁在家裡，女兒的照顧及經濟壓力都相當沉重。在家總的輔導及協找下，女兒決定將北市公寓出租，搬到新北市一棟電梯大樓，除了再也不用將老父親搬上搬下，更重要的是，租屋處隔壁就是一間很不錯的日照中心，老父親願意白天去日照中心上課，女兒不但得到白天的喘息時間，還能在家附近找份工作，連經濟壓力也獲得紓解。

03／
兩電話

「兩電話」指的是政府長照專線1966，與家總設置的「家庭照顧者關懷專線」0800-50-7272。

1966真的非常好用啊！當我媽媽開始有每週固定到醫院看診的需求時，我無法每週都請假帶她去，變成一個大問題，當時我就透過1966得到需要的幫助，包括居服員陪伴外出、就醫，及長照專車接送服務等，而且從進線、社會局派員訪視了解需求、移交給地區負責機構及媒合居服人力派遣……整個流程並沒有想像中的久。目前政府所有的長照二．〇服務，一定要透過1966專線的評估、核定失能等級，進一步確認能使用哪些服務及補助範圍。

而家總的「家庭照顧者關懷專線」，從名稱就可以知道，不只是想給予照顧者實質幫助，更多的是同理關懷。所以陳秘書長說他們都戲稱這是一條訴苦專線，當照顧者真的覺得卡關，除了1966外，也可以撥打這個專線，因為大家在推薦資源的策略上可能不太一樣，多一個人商量，也許就能看到新角度。

04／三步驟

「三步驟」則是我認為非常重要的一點，甚至在尚未真正進入長照階段前，就可以先進行，包括「資源盤點」、「資產盤點」及「召開家庭會議」。前兩項基本上就是：盤點家裡有多少人力？財力？以及被照顧者的失能程度，能申請哪些服務項目？

以目前長照二・〇的服務來說，十七項服務看得我眼花撩亂，但其實可以拆解為「主要」、「次要」兩個層次。主要照顧服務包括居家式服務、社區式服務、機構住宿式服務、家庭照顧者、外籍看護工等五種情況，家人們在綜合考量前面提到的失能程度、照顧能力及經濟等三大因素後，就可採取最適合的混搭策略；次要服務包括送餐、交通接送、無障礙設施及輔具，和各式居家照護等。

目前國內失能人口中，約有八成屬於輕、中度（例如我媽），也就是被照顧者還有部分生活自理能力，便很適合使用到家提供照顧的「居家式服務」，或使用白天外出、晚上回家的「社區式服務」，例如日間照顧中心、家庭托顧服務等。但其餘的兩成重度失能者，需要全天候有人照顧，除非使用「機構住宿式服務」或「外籍看護工」，否則就必須有家人離職回家照顧。

根據統計，目前全台灣超過八十萬失能、失智及身心障礙人口，使用長照服務的不到兩成，有三成聘雇外籍看護工，超過五成是由家庭獨力照顧。勞動部推估，台灣一千一百多萬上班族中，每年有約兩百五十萬人、也就是每五位上班族就有一位受家庭長照責任影響，當中更有超過三十萬人因此必須減少工時、轉換工作，甚至離職。離職損失的，不只是現在的一份薪水，也影響到照顧者未來的退休金。加上目前台灣長照平均照顧時間長達十年，照顧者本人面臨「老年貧窮」的風險很高。一片孝心，到最後卻演變成兩代經濟皆向下沉淪，這豈是大家樂見？

雖然目前不論政府或民間相關輔導機構，都強烈建議「照顧不離職」，也就是家庭應以保住工作為目標進行照顧安排，但除了有許多人是真的不知道有其他選擇，確實也有很多家庭是被「孝道」緊緊框住。根據衛福部二〇二一年的資料，家庭照顧者的女男比例約為女性六一％、男性三九％，但是男性在擔任照顧者後，有超過四成仍可繼續工作，女性卻只有二成五。雖然這狀況跟「辭職照顧小孩」的育兒主力通常是媽媽相同，但正如我先前提到，育兒之路與長照之路，兩者壓力真的無法相提並論，不論是妻子、母親、女兒，或是媳婦，在面臨「以愛為名」的長照責任時，真的需要更多支援與資源。

而主要照顧者所承受的巨大壓力，通常還有一種是來自各路親戚的指指點點。周遭你一定看過這種人，平常不照顧父母，偶爾回來看一次就要碎嘴：

「媽怎麼變這麼瘦？」

「欸，你要給爸用好一點的東西啊！」

「你這樣照顧不行啦！」

如果只是手足，有時還可以「相罵」，最怕就是碰到多事的長輩，尤其是那種說：「你絕對不可以送你媽去長照機構喔！這樣很不孝！」每次看到這種人，我都很想問：「你哪位？有事嗎？不然要不要換你來照顧？」我們真的要彼此提醒：如果自己平常不在照顧現場，就請尊重主要照顧者，並給予最大支持。

在這裡我想分享一個很棒的資源：由家總和法律扶助基金會共同研擬出的「家庭照顧協議」線上指引工具。根據家總調查，長照家庭因照顧方式想法不同、費用分擔不均，或醫療決策差異而產生衝突的情況愈來愈多，全台三百六十七處鄉鎮市區公所的調解委員會，近三成都曾調解過類似的照顧衝突案件，但這些其實是有機會避免的。

進行長照規劃前，家庭可以先擬定「家庭照顧協議」。只要盤點好家庭資源及資產，就可以上家總網站，花十五分鐘，將能夠運用的各項資源列表，進而召開家庭會議。這部分也可以進線「家庭照顧者關懷專線」尋求免費協助，尤其有些家庭成員彼此關係已相當緊張，一開口就是火藥味，建議可透過家總合作的法扶律師，直接上線參與開會，擔任主持人，以第三者身分從旁客觀分析，較能避免落入情緒紛爭。

近年來，家總已經透過這種方式，協助許多家庭自行完成照顧共識與公約。有個案例讓我印象很深，也是一個女兒獨自照顧父母親，抱怨哥哥都不幫忙，後來在家總協助及指導下，妹妹向哥哥提出「家庭照顧協議」討論，兩次就成功！妹妹也才發現，哥哥其實不是不幫忙，而是不知道怎麼幫，加上不擅溝通表達，就不主動表示意見。但當妹妹真的提出具體需求，例如：「哥哥每個星期回來幫我替手兩天」、「我跟爸媽住所修繕的費用你要幫忙出一半」……哥哥都乖乖照辦。兄妹間不但藉此機會和解，甚至在爸爸的最後一段生活中，因為有了哥哥的陪伴，也讓老人家更圓滿的走完人生。

從這個故事裡，我深刻感受到：家人之間有效及有愛的對話，真的需要練習。尤其華人家庭，大家不習慣把需求跟愛說出口，常常造成誤解及難以彌補的遺憾。其實不用等老了，或許現在我們就可以在自己的家庭裡開始練習，跟另一半和孩子們定期召開家庭會議，討論家庭事務，讓每個人練習說出自己內心的想法，最重要的是懂得：

「家裡的每個人，對這個家庭都很重要。」

05／

四包錢

最後是「四包錢」。這其實就是長照二・〇裡提供的次要服務，包含「照顧及專業服務」、「交通接送服務」、「輔具服務及居家無障礙環境改善服務」、「喘息服務」等四項補助，簡稱「長照四包錢」。

這幾年中，我真的非常感謝整個長照二．〇計畫中，幫助我們的每一個人。從隸屬於政府單位的照管專員，到民間對接的個案管理師，及媒合後實際到府協助我母親的幾位居服員，還有長照接送單位的駕駛們。當然這過程中也會遇到不那麼適合的對象，曾有位居服員老是喜歡跟我媽講些宗教輪迴等幽暗話題，讓本來就焦慮負向的媽媽更擔憂，在我反映後，居服派遣單位也想辦法幫我們換了一位服務者。

不過實際存在的問題是：居服員數量真的不足，尤其是人口密度高的都會區，例如台北市，至少三千位失能長輩的照護工作，由不到六百位居服員負責，除了會有預約不到的情形，一旦遇到不適任的居服員，也會讓長照家庭不敢反映，因為怕沒有其他人可接替，服務中斷，影響更大。

長照之所以稱為「長」照，就是它極有可能是場長期抗戰。我們可以想像它是一個時間軸，應該要有不同階段的照顧安排：例如長照二．〇的居家服務、日間照顧，通常會在前期使用，但進入到中後期，發生重度失能、失智、完全不認得家人的狀態，那個照顧模式就完全不同了，此時可能就必須仰賴機構照顧或外籍看護工。總之記得「長照一二三四」口訣，設法多了解政府的長照服務，並盤點家中各種資源及需求，才能在這場長期戰役中，保持足夠戰力。

給
困在孝順枷鎖
的你

拿掉「一定要親自照顧父母」的想法，
我們要補位的，更多的還有「愛」！

最糾結的決定：要不要送機構？

01 /

H叔叔和失智妻

「照顧失能長輩跟照顧失智長輩，到底哪一個比較可怕？」

周遭問一圈，幾乎只有一種答案。雖然長輩失能，照顧者的體力負荷可能較大，但家有失智長輩要照顧，不只勞力，更勞心，也傷心。

前面有提到媽媽在這幾年中，不斷擔心自己是不是快失智了？雖然根據醫師專業判斷，媽媽是「假性失智」，但看著她總忘記我們沒幾天前才說的事，或反覆說相同的話，加上曾照顧過兩位失智長輩的外籍看護，老是跟我說「我覺得婆婆好像有一點像失智欸」，仍讓我常處在擔憂媽媽失智的恐懼中。

前陣子看到好友臉書發文，才知道他也陷入長輩失智的長照夢魘中。母親的日夜顛倒、情緒躁動、一再忘記剛剛才做過的事、行為反反覆覆，讓他完全無法安排任何行程。跟我一樣「好不容易」徵得父母同意，請了外籍看護在家幫忙，才兩個月，看護就受不了說要離職，因為母親晚上睡不著，一直要人帶她上廁所，一個晚上搞十幾次，看護平均每半小時就要起床一次，等於根本無法睡覺。他跟老父親一起加入大夜班輪值行列，全家都要精神崩潰了。

他最後寫著：「到底要不要去專業機構？接下來的選擇很困難。」文章底下留言為他打氣的朋友非常多，多數人都叫他要好好照顧自己，送去專業機構是必須的，讓專業的人去做專業的事，才能讓母親安享晚年。也有很多人分享自己家人失智照護的過程，讓人忍不住鼻酸。我留了這樣的一段話：

「其實該怎麼做？遇到類似難題的人，一定都多方評估過。但無法量化並納入分析的，永遠是自己的過不去⋯⋯」

真的，至少在我身上，過不去的永遠是自己。如果這事發生在我身上，至少現在的我，一丁點都做不到把媽媽一個人送去機構。但那是因為我還沒被折磨到。不過我幾乎可以確定，如果有這麼一天，我爸爸一定、百分之百，不肯把媽媽送走，即便他自己受盡折磨。因為我已經從爸爸最好的朋友身上，看到了這個結果。

爸爸的摯友H叔叔和我們住同條巷子。應該說，因為兩家人感情深厚，我們才搬來附近。H叔叔年輕時是叱吒風雲的補教界名師，工作量極大。太太小他很多歲，個性開朗、身強體壯，在學校擔任體育老師。他們從小看我長大，我也從他們年輕看到老。不論是年齡或身體狀況，沒有任何人想到，他倆中先出狀況的會是太太，而且是不到六十歲就失智，當年被醫師判定是「早發型失智」。

接下來的多年中，兩位老人家像是互上了手銬，幾乎沒有分開過。七十歲的老先生到哪都緊緊攬著太太的手，一秒鐘都不肯放，深怕一鬆手，她就亂跑到馬路上。太太的眼神總是空洞，滿臉茫然，偶爾還掛著驚恐。我幾乎沒聽她說過一句話，但過去她嗓門大到連隔兩條巷子都聽得見。有次我在巷子裡遇到他們，我如常跟叔叔打了招呼後，雙方各自前行，已經與我錯身的老太太突然間轉過頭：

「是小雯嗎？」

我呆立在原地，隔了三秒才趕緊說：「是啊！我是小雯！」抓著她的老先生也呆了，因為當時太太已經不記得他。短短幾十秒，我從老太太眼中看到過去那個愛笑的她，這是十年中她唯一認出我的一次。連我都這麼難過，我不知道二十四小時與太太綁在一起的叔叔，如何獨自面對及克服「最親的太太已經完全不記得他」的身心痛苦？

因為太太只要見到他人就會害怕，所以H叔叔完全斷絕與外界的接觸，我爸媽是他唯一還會聯絡的人。在美國成家立業的兩個兒子，多次請求父親將媽媽送機構，但每次只要提起這話題，H叔叔就會大怒叫他們閉嘴！兒子說不然至少找個看護一起照顧媽媽，但固執的叔叔仍不肯假他人之手，每天獨自帶太太做復健，將食物調理成適合的軟硬程度，一口口餵她吃。天氣好時，一天兩次帶她去公園散步。

但他實在太累太累了，親力親為照顧太太七、八年後，他才願意（抑或是才知道可以這麼做）一週二到三天，帶太太到日照中心上半天課，稍微喘息一下。即便如此，他仍不敢隨意離開，就在日照中心等著太太下課，再牽緊緊的帶她回家。

沒多久後，H叔叔得了台灣人並不多見，卻是所有皮膚癌中最惡毒的「惡性黑色素癌」，發現時已是末期，醫師宣告只有幾個月生命。我父親嘆氣說，本來不該是這樣的，如果他肯聽兒子、朋友的話，將照顧太太的工作分攤出去，或許還有機會陪伴太太更久。

最後老先生病逝，美國的兒子們也只能將媽媽送進專業機構照護。每年清明節，我都會買束鮮花，陪著我爸爸上陽明山悼念叔叔，因為他摯愛的妻子，無法做到這件事。

因為太愛，所以放不下。H叔叔始終堅持，兩人當年結婚誓詞是要彼此照顧、不離不棄，卻沒想到當自己累倒，先走一步，不也等於是離了、棄了？這幾年在照顧媽媽的過程中，起初爸爸總不斷以「我可以」、「我沒問題」、「等我真的不行時再說」為由，不同意我申請看護，甚至拒絕居服員的介入，不論我怎麼勸說「你自己是心臟三條動脈有兩條都放了支架的人啊！」「等你真的倒下時才申請，真的來不及」，頑固的老爸爸就是不聽。最後我只能使出苦肉計：

「我的醫師提醒我，如果身體太勞累、壓力太大，我的肺腺癌是有機會再來的。為了我，你委屈一點，讓我找個幫手，幫我們一起照顧媽媽吧。別忘了H叔叔的例子。」

頑固的爸爸，沉默不語許久，終於點頭。因為他除了愛太太，也真的非常非常愛我。

02

全球失智風暴

根據世界衛生組織二〇二一年的資料，全球失智者已超過五千五百萬人，預估到二〇五〇年更將達到一·三九億人。在台灣，失智人口也逐年增加，二〇二二年底已達三十二萬人，占總人口數的一·三七%。預估在未來的二十年內，每天將有近四十八人罹患失智症，每三十分鐘就增加一位失智症患者，每四至五位老人家可能就有一位失智，幾乎每個家庭都可能會遇上「自己或配偶」的父母發生這問題，再來就是我們自己……

面對「失智症」，目前醫學所知及能作為的部分，實在還太少，每個家庭及每位失智長輩的狀況都不同。我有位朋友在過去兩年中，持續記錄父親的失智變化與診斷結果，也是因此我才知道，可能有所謂的「高智商失智患者」。他的父親平日極不正常，行為、記憶力、語言及理解能力都大幅退化，常會跑到別人家裡坐著，或大半夜突然說要去買飯給孩子們吃（他孩子都已經四、五十歲），日夜失調，認知脫序，甚至突然跑不見讓家人嚇瘋。

問題是在醫師進行失智測試時，老先生就會異常冷靜與展現高度智商。朋友說，有些醫師問的問題，他在旁邊都記不住，結果爸爸答對了。畫圖、寫字、算術題，老先生可能比孫兒孫女還厲害。

因為這樣，他爸爸始終無法被判定達到失智標準，醫生說老人家很聰明，以至於脫序行為難以被界定是否為失智造成，但不分時間地點，隨時可能出現的大腦當機，讓照顧者完全無法預測也難以照顧，卻是事實。達不到失智鑑定標準、拿不到身心障礙證明，讓家人無法申請任何符合程序的資源，包括聘請看護或住宿機構的補助。朋友為了維持開銷，必須專注於工作賺錢，只能選擇自費讓爸爸入住安養中心，否則持續下去的心理與精神耗費，只會拖垮所有人。

被告知要去安養中心的當下，他爸爸很平靜，但隔天就沒來由的在家人面前暴走、崩潰、失禁，直到我朋友出現，他才安靜下來。接下來幾天，他爸爸都努力表現「正常」：準時起床、打扮整齊、乖乖吃飯……

「但我看得出，爸爸很努力。」

看到朋友寫的這句話，我忍不住哭了。如果是我，可能就會打消送爸爸去安養中心的念頭，因為內心會愧疚的想：「爸爸一定覺得我不要他了，所以才會這樣。」但，我們不正是因為無計可施，才會做這決定嗎？

朋友思考後，覺得是「安養中心」這四個字給他爸爸帶來衝擊了，因為爸爸其實不太知道那是什麼地方，只知道「每次不聽話，我們就說要送他去安養中心」。所以對爸爸來說，「安養中心」是個懲罰詞，一聽到就害怕，這是過去幾年在照顧爸爸的過程中，他們所犯的錯。因此「撒個謊又何妨？」他改口跟爸爸說：

「我們不去住安養中心了，我找了比現在還舒服的學校（指日照中心），把你轉去那，以後吃的東西也會變好吃了唷！」

他說爸爸聽到後露出笑容，雖然他覺得：

「爸爸應該知道，我是在騙他，但他接受了我這善意的謊言。」

朋友最後說，他知道自己不夠好，但眼前真的也想不到更好的方法。爸爸住在一個二十四小時有人看護、洗澡、餵藥、供餐的地方，總比獨自在家安全得多，最重要的是，照顧者才能繼續工作。雖然送去安養中心，心裡真的不捨，但對於肩上有著經濟重擔，還有自己家庭和孩子得養活的壯年期子女來說，現階段最實際的，或許就是想辦法讓自己更有能力，給父母更多資源，過上更有尊嚴的晚年生活。

還是那句話：面對父母的老去，仔細盤點家庭資源，根據人力、能力所及，制定照顧計畫，尋求專業協助與照護，絕不是不孝或不愛。老人家總固執的覺得「自己做得到」或「捨不得花錢」，但身為子女，我們必須不厭其煩的溝通、說服，甚至哄騙，才能讓他們受到好的照顧，讓長照這場持久戰，能打下去。因為真不知道這戰線會拉到多長？

03/

九十六歲姥姥

我自己家裡就有個很值得分享的例子。

我先生非常有福氣，還有位高齡九十六歲的姥姥（外婆）。姥姥真是我見過最神勇的老人家了，直到八十多歲時都還堅持獨居，自己有個小花園，每天蒔花弄草，過得自在悠閒，完全不肯讓子女們照顧。直到有次姥姥摔了一大跤，身為長子的舅舅說什麼都不肯再讓媽媽獨居，一定要接回同住。二〇二二年七月，她在家中連續兩次跌倒撞到頭，導致顱內出血，醫師說這種狀況通常是要動腦部微創手術，進行引流，但姥姥已年屆九十四高齡，實在無法預期這手術開下去會如何？家人也都認為不開刀比較好，因此將姥姥帶回家照顧。

我清楚記得我帶著幫姥姥求的平安符，去舅舅家探望她的情景：當時姥姥因為腦出血影響，完全無法動彈，等於是全癱，她要從床上移動到輪椅上如廁時，必須由姥姥的三名子女：大舅舅、我婆婆（長女）和小阿姨，三人一起搬動。

他們三人加起來，差不多兩百歲了。加起來兩百歲的三名子女，合力照顧快一百歲的老媽媽。

我看到他們三人汗流浹背、氣喘吁吁，好不容易將姥姥移到輪椅上後，快七十歲的舅舅，整個人癱坐在一旁。

這一幕令我非常震撼。他們還有三個人一起，如果今天換作是我呢？我怎麼可能辦得到？

後來我有跟「中層」老人家（就是我婆婆）討論這件事：是不是該找幫手？也得知當時狀況，除了舅舅不放心讓外人照顧外，也確實因為疫情影響，使得能提供服務的居服員數量更少了。還好我婆婆是個思路清楚、行動力一流的人，說服舅舅「至少使用長照居服項目中的到府沐浴服務」，並持續不懈的進行居服媒合，終於找到適合的居服員，讓姥姥每週可以享受三次舒服的沐浴時光，也避免舅舅一把老骨頭散了的命運。

婆婆跟我說，那時他們幫姥姥洗澡簡直是如臨大敵。第一、他們不專業也不夠力，不知道怎麼搬動才是省力、正確的方法；第二、姥姥被弄得很不舒服，因此會大發脾氣。真的是子女一片孝心，卻換來彼此的氣急攻心。

在子女悉心照料、彼此分工，以及適度使用政府長照服務的狀況下，我家姥姥不到兩個月時間，竟然從幾乎全癱，到可以扶著輪椅在公園行走。核磁共振檢查顯示，腦部積血竟已完全稀釋退去。連之前要家人「做好心理準備」的神經內科醫師都覺得不可思議，頻頻詢問舅舅「你們到底做了什麼？」其實除了老天保佑及家人的陪伴照顧，我認為最重要的還是姥姥自己的求生意志力超強吧！即便一開始她躺在床上不能動彈，還是開開心心的跟我們聊天，能吃就盡量吃，食量甚至比我還大。

隨著姥姥的狀況已恢復到可自行活動，婆婆開始為她尋找適合的日照中心。不過一開始姥姥也是大哭大鬧，覺得「兒女不要她了」，但我那心理素質無比堅強的婆婆，不論姥姥說出怎樣的「情緒勒索」言語，每天依舊半哄半騙的把她送上「娃娃車」（日照中心接送車）。結果第二週，姥姥就每天開開心心的去「上學」！手巧的她現在還是ＤＩＹ課程的「助教」！姥姥以前是小學老師，或許這能讓她重溫年輕歲月呢！

04 / 我的神奇婆婆

現在週一到週五，九十六歲的姥姥，白天都會去「上學」，只有平日晚餐及週六、週日需要人照料，所以三名「老」子女的分工就很好協調規劃，也都能各自擁有自己的生活。即將滿七十歲的我婆婆，平常喜歡跟好姐妹相約，學學唱歌，也會安排旅遊活動，日子過得充實。今年甚至挑戰獨自出國，一個人從台北搭機飛日本，再從機場搭新幹線到東京市區，在晚上十點，與結束滑雪行程的我們，於東京下榻的飯店會合。連我都沒把握可以獨自順利完成的「冒險」，我的神奇婆婆真的辦到了！

其實當天我一直很緊張，跟老神在在的她兒子（我老公），形成強烈對比，我一直碎唸：「怎麼可以讓媽自己從機場到市區？我們應該要去機場接她！」但我老公一直說：「妳放心！我媽OK的。」事後我問婆婆，難道不會怕嗎？她說緊張當然是會有的，但她覺得自己「應該」沒問題。

真要說我的神奇婆婆有什麼超能力？我覺得就是樂觀開朗，從不為自己設限。她從不覺得自己老了（可能因為還有九十幾歲的媽媽在，不能言老），對什麼事情都很感興趣，也樂意學習，甚至連滑雪她也有些興趣（但被我們以「媽先不要」暫時攔下）。不論是為她的母親尋找適合的長照資源，還是獨闖人生地不熟的日本，她都秉持「不懂就問」的原則，完全沒有許多老人家上了年紀後的「不好意思」習性。說來慚愧，在我無預期的成為「照顧者」之初，許多關於長照資源的查找，都是婆婆教我的，當我面對母親多變情緒，不知所措時，給予我最多安慰及過來人經驗的，也是我婆婆。

有次我哽咽提及，母親的負面情緒令我很痛苦，婆婆對我說了這段話：

「我媽媽在我心中，曾是全世界最好的人。她不但是好太太、好媽媽，當我年輕初為人母，無法兼顧家庭與工作時，她是幫我最多的人。直到八十多歲，她都還完全不麻煩子女，把自己照顧得很好。這些年，她因為身體不適及腦部退化，動輒大哭大鬧，情緒極度暴走時，甚至會怒罵、踢打我們，有時一鬧就是一整天。我常懷疑眼前這個歇斯底里的老太太，真的是我媽媽嗎？但隔天，她又變回過去那個溫柔有禮的女人，一直跟我們說對不起。

我媽讓我覺得，年老是件好可怕的事，說不定有一天我也會跟我媽一樣，變成我這輩子都沒想過會成為的樣子。即便我一直提醒自己，將來有天若需要靠他人生活時，不要造成你們太多痛苦，但若真有那一天，這些可能都是我無法控制，也無能為力的。」

看著我婆婆、想著我媽媽，這兩位對我人生影響甚巨的女性，都提醒著我，未來可能會是什麼樣。再過二十年，我也七十歲了，如果能像現在的婆婆或七十歲時的媽媽一樣健康，那是老天爺的眷顧。但我只敢想到這裡，對於這二十年內，眼前最愛的長輩們會有什麼變化？我完全不敢多想。我們能做的，或許真的像我朋友說的那樣：

「想辦法讓自己更強大、更有能力，有更多資源。」

但這不僅是為了讓現在的父母能過上更有尊嚴的生活，也是為了自己的老年預作準備。自己擁有多一分技能，就是讓孩子少一分負擔。

希望有一天我年老時，孩子們看著我的眼裡，愛，一定要多於無奈。

給
預備人生
下半場
的你

希望有一天我年老時，
孩子們看著我的眼裡，
愛，一定要多於無奈。

About Children & Me

第三重宇宙：孩子與我

我最喜歡卻最煩躁的角色

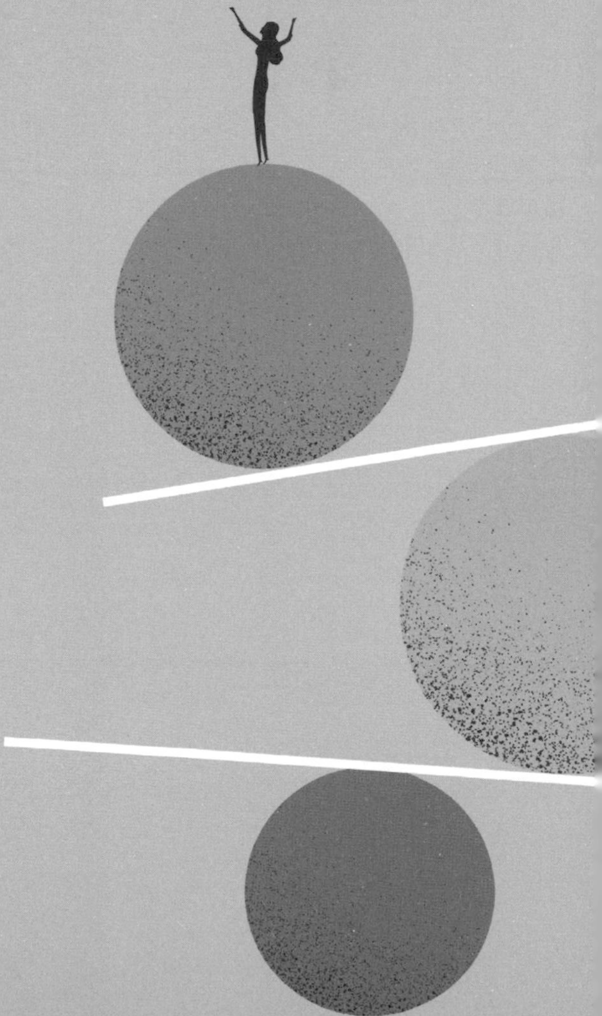

當媽後，每到假日和晚上都是硬仗

01 / 週六 Uber 司機

不知各位姐妹們看著自己身上的多重角色時，讓妳最喜歡卻又感到最煩躁的，是哪一個？

我選的角色是：媽媽。

我非常喜歡臉書的動態回顧功能，每天都會跳出過去十多年裡的這一天，自己是怎麼過的。即便我身處工作量及壓力都極大的新聞圈，我的動態回顧裡卻極少寫工作，八成以上都在記錄孩子：生病了、上幼兒園、上小學、上中學、畢業了，或是怎麼樣的把我氣哭了，以及各種無厘頭的童言童語讓我笑到流淚了。

確實也是當了媽媽，才讓我發現「人的潛能無限」！前陣子某美語補習班一對神奇小學生兄妹「精實」的每日作息引起不少關注：每天五點五十分起床，一路學習到晚上十一點半還沒洗澡，連吃飯、寫作業都是利用在車上的短短二十分鐘完成。每個家庭的教養方式不同，我不會對別人家指指點點，但我確實「佩服」（心疼）這對小兄妹，因為那一長串的日程表，簡直和我每日「見縫插針」、「一秒不得空」的行程如出一轍！（但我年齡是他們的五倍啊！）

因為任職於科技業的先生，一年有超過一半的時間在外出差，所以我長年處於一打二的「偽單親」狀態，加上自己的廣播、自媒體、團購、授課、演講等工作實在很忙，近幾年爸媽也加入「被關照」行列，我多數時間都是蠟燭八頭燒。某次我在臉書上哀嚎自己真的快累死，友人留言安慰：

「快了快了！快到週末了，可以好好休息一下。」

「休息？」他一定是誤會了什麼。每到週末我都會產生「其實我在開 Uber 兼差」的錯覺，只是沒人會付錢給我。隨便翻找了三年多前某個週六的行程紀錄（見左頁），這就是我的週末日常。

到底誰說週末比較輕鬆了？當媽媽，沒有一天是輕鬆的呀！我才兩個小孩，就已經快累死，每次看到有三、四個小孩的朋友，我都超級佩服。就算家中可能有幫手，還是有太多事無法假他人之手啊！像我閨蜜是三個男孩的媽，大兒子今年大二，次子高二，么兒小學六年級；老大現在當然已經放飛，但當三個孩子分別上國中、國小、幼兒園時，三個孩子的上學時間分別是七點二十分、七點四十分、八點二十分，放學時間是晚上九點、傍晚五點四十五分、下午三點五十分，光是接送上下學就要分別跑六趟。（他們住在半山腰，學校校車路線到不了，只能自己接送。）

這也是為什麼很多人說，孩子最好連著生，因為年齡隔得近，不只可以玩在一塊兒，彼此需求相似，父母可以一起「打包」，比較不累。不過年齡隔得遠也有好

06:25-06:40	叫美寶起床＋送出門上學 （她國中有段時間週六要上半天社團活動）
06:40-08:00	繼續躺床昏迷
08:00-09:30	被平日叫不起來，假日卻起得比誰都早的臭瓜吵醒，但實在太累加上不甘願，硬是醒著在床上賴了一個半小時
09:30-10:40	起來整理滿是玩具、亂糟糟的家 （跟亂糟糟的自己）
10:40-11:40	送瓜瓜和他爸去上樂高積木程式課
11:40-12:10	開車到北投接美寶放學
12:15-12:40	再回積木教室接瓜瓜跟他爸
12:40-13:20	買午餐
13:20-14:00	回家吃午餐，並處理前一晚的鍋碗瓢盆 （丟洗碗機）
14:10-16:30	帶著美寶去接我娘，開車帶祖孫倆去南港做氣功治療
16:30-17:20	繼續載祖孫倆去台北東區看中醫
17:20-18:15	載美寶回石牌補習
18:15-18:50	去買大家的晚餐，並載我娘回家
18:40-19:10	趕回家餵食瓜瓜跟他爸
19:10-20:30	整理廚房及準備剝文旦，還要排解父子吵架
21:00-21:30	幫瓜瓜洗澡
21:30-22:30	煮宵夜給晚餐時說不餓、不肯吃，但補習回來就哭餓的美寶吃，並再次整理鍋碗瓢盆丟洗碗機
23:00	累癱坐在廚房的小椅子上，望著「明明早上才整理過，怎麼現在又一屋子玩具」的家，但身體不想動（也動不了）

處，除了大的長大後，跟爸媽相處時間愈來愈少時，還有個小的在身邊可以「暖」一下，在小的長大過程中，大孩子也常會是媽媽的最佳幫手。

瓜瓜是美寶期待已久的弟弟，這位大上八歲半的姐姐，小時候對瓜瓜簡直就是溺愛！瓜瓜還不到三個月大時，某天她放學回家，躺在行動小床裡的瓜正在哭，她立刻放下書包、洗手、抱瓜瓜，然後很不高興的對著在廚房忙的我說：

「妳不要告訴我，妳一整天就讓他這樣一直哭，都沒有去抱他！」

呃，請問現在到底誰是媽？這小子放下就哭、假哭第一名，我只不過是暫時不理他，在廚房裡快速備個菜，也要被女兒責備，委屈啊我。

雖然是「（對瓜）愛之深，（對媽）責之切」，但在幫忙照顧瓜瓜這件事上，美寶真的做得比爸爸好，畢竟爸爸擁有「兒子在耳邊哭破喉嚨都聽不到」的神祕體質，所以當爸爸顧瓜瓜時，我只求彼此都有呼吸就好。只是我一直很小心，不斷提醒自己：

「照顧瓜瓜，不是美寶的責任。」

「沒有任何一個小孩照顧另個小孩，該被視為理所當然。」

我相信，每個老大都在弟妹出生後，被迫成長。

02

/

小孩生病會挑時間？

前面提到，我先生有超過一半時間都不在家，很奇怪的是，就跟小孩總是在半夜發燒一樣，瓜也老是挑爸爸不在家時生病。因為早產加過敏體質，胃「特別淺」（醫生說法）的瓜瓜，小時候三天兩頭上演「人體噴泉秀」。有好幾年我都盡量避免讓他吃番茄類食物，因為吐出來的顏色實在太嚇人，簡直像命案現場。回想他剛進入「全世界最大病毒碼交換中心」（幼兒園）的那兩年，半夜洗床單、洗被子、洗小孩、洗衣服，就是我的日常。

有次美寶跟我都感冒，偏偏那兩天我又有企業授課，所以得硬撐著，最後聲音全失，咳嗽嚴重到肺都要咳出來了（是的，我又誇張了）。原本只是有點過敏鼻塞的小瓜，在媽媽跟姐姐夾擊之下，也感冒了。夜裡短短兩小時就大吐兩回合，且都吐在床上！我才剛換好乾淨床單、枕套、保潔墊，幫他洗好澡、換完衣服後，嘩啦啦的就吐第二次。當時我的乾淨床單及保潔墊全被吐完了，加上床墊也弄髒了，無床可睡，只好換去客房睡。再吐，我們就得去睡沙發了。

當下狀況實在太混亂，不但顧不到美寶，還得讓她幫我做很多事情。瓜吐第一輪時，是她帶著弟弟去浴室，幫他洗澡、洗頭。我似乎忘了才十一歲的她，不但也是病人，更是個孩子。想到當時情緒不穩的我，可能還曾因為她哪裡做得不好而罵了她，我真是覺得對不起她。

當然等瓜長大些，自我控制能力也好些後，我這種「體力活」就少多了，只是好動的小男孩每天從學校帶點傷回來，是家常便飯。進入小學一年級才第十三天，就成功解鎖「因受傷須提早離校就醫」之豐功偉業：額頭直接著地，摔出跟額頭寬度幾乎一樣大的傷口，而那是當週第三次跌倒受傷。

最可怕的一次摔傷，不是在學校，不是在公園，竟然就摔在家裡。八歲多的瓜瓜穿著襪子轉圈圈玩，一個不小心滑倒，撞到玻璃門角，左耳屏邊上割出一條相當深的傷口。

一如往常，我先生並不在家。但還好我的美寶在！

意外發生在書房門口，第一時間瓜瓜跌倒大哭，去看他的是離他較近的美寶，美寶問他哪裡痛？看了一眼後驚聲尖叫！我從廚房奔去，一臉驚慌的美寶竟然用手遮住瓜的傷口說：

「好可怕！妳不要看！」

我拿開她的手，看到傷口時也倒吸一口氣，真的非常深！但幸運的是傷口相當平整。

當時是晚上八點半，是個難以找到整形外科的時間。養到第二個小孩，我已經很清楚需要縫合的傷口，最好第一時間就要找有整形外科的地方處理。

美寶很機靈的幫我拿出醫藥箱，我請她找出紗布讓瓜按住傷口止血，然後我開始瘋狂打電話給熟識的醫師與朋友們，同時帶著孩子直奔急診。

本來以為非縫個幾針不可，但電話連絡上的整形外科醫師透過照片，與急診外科醫師討論後，建議用強力黏合凝膠就可以，這樣不需縫合、不用拆線，也少挨上麻醉那幾針。（事發當下，有可靠的醫師能聯繫詢問非常重要，否則我們剛到急診時，另兩位年輕醫師已經準備要縫，還皺著眉頭說傷口很深，不太好縫，可能要在附近打幾針麻醉。）

雖然破相，但瓜實在幸運。首先，那撞傷的位置若往上、往後、往前任何一個方向多一點點，可能都要嚴重許多。再來，雖然爸爸不在家，但那晚卻是美寶一週唯一不必留校的一天，她從離開家門到醫院，全程幫我抱著非常驚恐的瓜瓜，瓜接近一百三十公分、快三十公斤，身高才一百五十公分出頭的我根本抱不動，美寶如大力士般的一路抱著弟弟，在急診等醫生治療時也全程抱著他，不只安撫弟弟的緊張情緒，更安定了媽媽的心。

事後回想，當她看到弟弟臉上深深的傷口時，自己都嚇得尖叫，卻在我跑向他們的那一刻，摀住傷口，不讓我看。

才十七歲的女孩兒，那時心裡想著的，竟是要保護媽媽。

給
蠟燭八頭燒
的你

當媽之後，
會發現人的潛能可以無限。

考不好，我們去吃大餐

01 /

女兒是我的軟肋

我很喜歡電影《奇蹟男孩》。

這部改編自同名暢銷小說的電影，講述一位男孩，因為罕見基因，一出生就擁有一張不完整的臉，歷經二、三十次大大小小的手術，與長達十年在家與媽媽自學的生活後，他決定踏出家門上學去。雖然故事主軸是男孩如何面對同學的異樣眼光，在學校這個小社會裡自處並融入團體，但整部電影最讓我印象深刻的，卻是愛他的姐姐，為了不讓已心力交瘁的父母擔心（尤其是媽媽），放棄了自己爭取寵愛的權利。

電影後半段演到：長期被母親忽略的姐姐，意外站上舞台演出女主角，媽媽的目光終於有一次從頭到尾只停留在她一個人身上。母女兩人最後在後台相擁那一幕，是整部電影唯一讓我哭出來的時刻。

我一直覺得我家的姐姐自從弟弟出生後，也被迫長大，變得堅強。

美寶從小就是個心思細膩又較怯懦的孩子，四歲多時跟著我去電視台上班，都還會躲在我身後，不敢正面和叔叔阿姨們說話、打招呼。那時正是我新聞事業的衝刺期，她每天只能從電視上看著播報晚間新聞的媽媽，因為等我忙完工作回家，她都已經睡了，當然更沒吃過什麼我料理的飯菜。

之後我懷了瓜瓜，住院安胎一百多天，加上後來在月子中心住了四十天，加起來她有長達半年時間都住在我娘家，由外公外婆照顧。當時我被醫生和病房護理長譽為「安胎模範生」，因為堅強開朗，從不抱怨，還會幫忙安慰其他安胎媽媽。

被要求完全臥床，承受吃喝拉撒都只能躺著來的痛苦，我沒哭；安胎藥劑不斷調高，體會每分鐘心跳一百二十多下的心悸及頭痛，我也沒哭；卻在住院第四十天的晚上，我哭得一塌糊塗、停不下來，因為我好想好想美寶。

我的軟肋就是女兒。大家都說兒子是媽媽的前世情人，但我覺得美寶一定也是我的前世情人。否則怎會從小到大，都讓我這麼牽掛？

02 /

「小時了了」好沉重

真的是牽腸掛肚啊！尤其是她進入青春期，壓力變大，情緒更為敏感，深受同儕影響，也更有自己想法。身為母親，我一方面必須認真（有時難免嚴肅）引領她不偏離軌道，但另方面又常捨不得她。兩種情緒，總在心中糾結。

跟大部分父母一樣，我對自己的第一個孩子，好像比較嚴格，尤其是她小時候。那時我每天工作到晚上八、九點，沒時間陪她讀書、寫作業，這部分都是由我爸媽代勞，不過我會幫她買自修、評量，在距離月考前兩週開始複習。我給她一個桌曆，在每天的格子中註明各科的自修、評量要寫哪幾頁，她都會照著我幫她安排的進度乖乖寫，才一、二年級的孩子就這麼自律，真的不容易（當然也可能是因為她若沒寫，我會生氣）。雖然週間無法陪伴，但我的週末一定完全留給她，帶她出去吃好玩好，也會陪她複習當週有問題的課業。

從中低年級就建立起讀書的好習慣，讓她在小學時一直表現優異，不但學科成績好，也深受老師喜愛，擔任許多重要工作。小學畢業時拿校長獎（班級第三名）的她，升上國中後卻立刻遭到學業成績的打擊。因為許多私立國中須透過考試入學，會報考的多半是小學成績也頗優秀的孩子，加上國中數理突然變難，內容又比小學時多很多，較無「數理腦」的美寶讀起來不僅吃力，也無法再用小時候那種「苦幹實幹」、「死記硬背」的方式得到好成績，所以第一次月考就嚐到人生首次二、三十名。

其實這對我來說一點都不陌生，我高中時就讀北一女，第一次月考也創下人生新低紀錄，當時我才知道什麼是「人外有人，天外有天」。幾次考試後，我很快就調整心態，讚嘆怪物同學有夠強！卻也不會因此貶低自己。

但美寶剛上國中，年紀尚小，雖有入學考，也算不上是真正經過一輪「篩選」（當年我們那種完全以分數排名的高中聯考，就是道地的篩選），心態上難以適應。更讓她難受的，其實是面子問題。私立小學直升中學部，通常全校有一半同學都互相認識，某次小學同班、升上國七也剛好同班的男同學，只不過問她一句：「妳現在這成績是怎麼回事？」她回家就大哭。

「人家只是關心問一句……」我說。

「才不是！大家都知道我小時候是什麼樣，現在他們一定覺得我大走鐘，私下可能還會討論我就是『小時了了』。」

一開始我並未意識到這件事會給她帶來多大影響。對我來說，遇到問題就是去解決它，所以面對美寶的「成績變差」，我的想法就跟她小時候一樣：加強練習，想辦法讓它變好。她要補習數理，我就讓她去補習；覺得這間補習班沒用，我們就換間補習班。而社會科（如地理）在發現她某些讀書方法有問題後，我提出我的建議，甚至帶著她用我的方法讀一遍。但就算短期一次、兩次考試看似有用，很快又「打回原形」。

而這樣「努力卻沒用」的過程，讓她更加挫敗，甚至一度想透過其他方式找到成就感。美寶有陣子沉迷社群交友，如同有些孩子初嚐挫敗，會選擇埋首電玩遊戲一樣，都是逃到虛擬世界裡。

說到這點，我們以前沒什麼地方可逃，實在單純多了。小時候電視台就只有幾台，會有興趣的也就那幾個節目。每天放學回家，做完功課，看一、兩小時電視就是最大娛樂了，沒電視看就去看書。在只有市內電話的年代，打來家裡的電話都要經過爸媽過濾，「校外」好朋友根本不敢打來家裡。但現在的孩子都是「網路原住民」，各式各樣誘惑比我們多上千百倍，自制力自然得比當時的我們好上千百倍。

換位思考，我真不敢說若我生在現代，「3C自制力」能做得比孩子們好。所以身為父母，實在不能拿我們小時候來說嘴。他們要參考的，本來就該是同世代的人是怎麼做的。

然而面對挫折的能力（耐挫力），是可以培養的。每人個性不同，我樂觀又不服輸，字典裡沒有「逃避」二字；但美寶跟我很不一樣，小時候雖然也是樂天小女孩，但性格偏害羞、保守，所以我一直鼓勵她參加各種適合她的比賽。別人在算數學，參加什麼盃什麼亞的比賽，或學英文，參加各種英語演講競賽時，我只想訓練她「不怯場」，而且過程要有趣。所以我鼓勵（也親自訓練）她代表學校參加台北市小學生的對口相聲、朗讀等比賽，是否得名在其次，重點是克服她的害羞性格。說真的，八、九歲的小小年紀，敢上台面對眾人，進行口語的單獨表演或比賽，並不容易。而她也在一次次優異成績的鼓勵下，知道自己的強項在哪，並更有自信。

03 /

第一次甩門衝突

不過我們對於「比賽」的第一次衝突，出現在小學升國中時。因為她小學六年級代表學校參加台北市國語文朗讀競賽，得到前三名，所以升上國中後是「種子選手」，也就是不需經校內初賽選拔，就能直接比市賽。學校依循往例提報她參賽，她卻在答應後反悔，理由是：

「國中比賽比小學難很多，我根本沒有足夠時間練習。而且我才剛升上來，毫無國中比賽經驗，所有參賽者都比我資深（國八、國九生），我一定沒辦法得名，為什麼要去丟臉？只要我不參賽，大家對我的印象就會停留在『我以前很棒』，我就可以永遠是優秀的！」

我聽到這話時只覺得：這是哪來的外星人想法啊？

「拜託啊美寶，人生每個階段都是另一個開始，不論是誰，都得往前走。大家連自己的過去都沒時間回顧了，誰會記得妳過去的豐功偉業啊？就像我以前跑新聞，就算做出了一個大獨家，今天被稱讚，明天報稿時一樣可能會被罵到臭頭。『今天的新聞就是明天的歷史』，難道我現在一百五十二公分，還可以拿『小學時班上男生都比我矮』的光榮歷史來炫耀嗎？」

「我不管，我就是不想冒險，我想一直留著美好紀錄。況且升國中後課業壓力變大，我如果花太多時間準備比賽，也可能會影響學業成績。」

「就是因為升國中後可能會在學業上受挫，我才更希望妳保有除了學科成績以外的其他能力展現機會。功課好的人很多，但不是大家都有機會、有能力參與這些比賽，並得到優秀成績。如果將來妳對自己的學業表現沒那麼滿意，至少還有其他能讓自己得到成就感的方法啊！」（沒想到還真的一語成讖……）

很多人問我跟美寶之間，有沒有歷經青春期的親子衝突？我想來想去，意見不合的爭執當然不可能沒有，但她用甩門來表達劇烈情緒大概有兩次，這次就是第一次。她當時甩了我們，哭著跑出去。

說實話，從小到大我很少勉強她什麼事。小時候她看卡通，被YAMAHA音樂教室那「Do Re Mi Fa So La Fa Mi Re Do」的可愛招生廣告洗腦，說想學鋼琴。我自己從小什麼才藝都沒學，也不認為有一定要學的必要；但孩子既然想學，我就帶她去。上了半年，有一天她突然說不想學了，理由是「不好玩」。她可還沒到什麼被逼迫練琴的階段喔，只是在團班和大家一起敲敲琴鍵而已，所以她是真的沒興趣，我當然尊重她。

畫畫也是。小時候帶她上了幾年畫畫課，後來到了間知名的專業美術教室，要開始學習基本技巧，某天教室開始教人體比例，她回來就說不想上了，理由是「那樣畫出來的人很醜」。我說，想進一步學畫，基礎要扎實，這是必經過程啊！她當時回我的話，我永遠記得：

「我畫畫是因為我喜歡畫畫，但我不需要別人教我怎麼畫。」

那年她才五歲多，我覺得她講的很有道理啊！畫畫是興趣，為什麼要去畫自己不喜歡的東西呢？所以就停掉了她的繪畫課程。當時我曾試圖找適合的漫畫班（她喜歡畫那種眼睛占半個臉大的漫畫人物），不過都不收這麼小的孩子，只好作罷。但美寶至今都非常喜歡畫畫，家中到處可見她的小作品，隨手畫的小插畫還被我護貝收著，當成寶貝。

上國中以前，游泳課是我對不愛運動的她的唯一要求，除此之外沒有其他補習跟才藝課，完全尊重她。她想上，只要我有能力，就讓她去；不想繼續，只要理由我能接受，就不上。唯獨那次她說她不去參加比賽，我最後沒讓她得逞。因為她所持的理由，完全無法說服我。對於已經十三歲的青少年來說，我不希望她用「逃避」去面對新的挑戰，而且明明是她熟悉、也做得到的挑戰。所以我說這件事情沒得談：

「因為妳已經答應學校，也到了該學習『承諾不能隨便給』的年紀，這是一種負責任的態度。這次比賽後，如果妳不願再參加任何競賽，只要妳跟老師說好，我絕對尊重妳。」

最後她拿到了台北市國語文競賽國中組朗讀比賽第二名，初試啼聲，就比其他參賽經驗豐富的學長姐們的名次都要好，她高興得不得了！直到高中畢業前，她每年都代表學校出賽。雖然她的得失心太重確實是個大問題，每次比賽前都極度擔心自己表現沒有上次好，壓力極大，但她沒有再提過放棄。即便最後成績不如預期，她會先大哭一場，然後說：「算了，明年再來！」

04 /

我是壓力源嗎？

國七那年算是她的大豐收年，不只台北市國語文競賽得到佳績，首次參加全國最大規模作文比賽「聯合盃作文大賽」，竟然拿到國中七年級的全國首獎！聯合盃作文大賽是個很特別的比賽，題目非常靈活，與傳統給幾個字叫你寫一篇文章完全不同，不限文體，任孩子們自由發揮。

我記得當年國中組的比賽題目，我看到時整個人驚呆，「寫作說明」寫著：

「你即將進入一款名為『勇闖世界』的實境遊戲，遊戲開始前，你必須先完成玩家的角色設定。現在，請你選擇一個遊戲角色，並自行安排角色中的其他項目數值，每位玩家總共擁有一百點數值，每個角色中的第五個項目可以自行安排。角色設定完成後，請根據你的選擇和設定，自擬題目並開始遊戲——請寫下你『勇闖世界』的點點滴滴。」

底下放了四張遊戲角色卡，分別是：智者、魔術師、治療師、平民，每個角色各自有一段描述，例如「智者」的描述是：「具備智慧與洞察力，喜歡分析、歸納與統整接觸到的各種資訊。」「治療師」的描述是：「喜歡關心別人，為別人解決各種生理與心理的問題，是愛以及包容的代表。」此外，每張遊戲卡上也有五項類似「戰鬥技能」的能力分數，除了各角色已被賦予的某能力數值，其餘必須自己填上。總之真的很像打遊戲，只是這遊戲需要你挑個角色，當編劇來撰寫。

依照美寶的人格特質，她選擇「治療師」這個角色來寫，完全不意外。這篇她命名為「絕對優秀」的作文，得到全國七年級組首獎，作品除了被放大擺在頒獎典禮現場，也收錄在當年度得獎作品刊物中。我看到她這篇得獎作品時，全身起雞皮疙瘩，極具想像力、創造力，文筆及心思都很細膩，是我一輩子也寫不出來的東西。不是我文筆不好，而是我們擁有不同的腦。

我高中時某次作文課，國文老師拿了兩篇作品出來，告訴大家：「任何一個題目，都能從完全不同的面向來思考撰寫，像是這兩位同學寫的，一篇理性，一篇感性，都寫得非常好。」其中理性那篇就是我寫的，難怪我後來成了記者；從感性角度出發的那位同學後來念了中文系，不過最後也成了記者。（這是什麼殊途同歸？）

然而令我驚訝的，不止是美寶顯現了其創作輕小說的潛力，我也在那篇創作中，看到她內心可能的不安。

在她的「遊戲」設定裡，她是村裡的治療師，由於全村受到了詛咒，智者預言唯有最優秀的治療師，才能帶領全村破解魔咒，走出遊戲，回到真實世界，但一條又一條性命在她手中逝去，讓她愈來愈懷疑自己的能力。最後她找到給村莊下了魔咒的神獸，發現神獸竟然長得跟她「一模一樣」！在神獸輕蔑的語氣和眼神中，她哭吼著：

「我是不優秀，但我有同理心；我不像智者或魔術師一樣能安定大眾，但是我願意為了人民付出所有。我從來就不是一個有信心的人，但我願意為了大家去改變我自己。」

故事的結尾，是受到感動的神獸解開了魔咒，治療師帶著村民回到真實世界。美寶寫著：

「他們感謝我，我卻感謝所有人。因為是他們，我才找回了信心。」

「因為治療師，從來就不是絕對優秀的代名詞啊！」

那時美寶才剛升國中，經過了一、兩年，當她持續深陷自我價值低落的風暴中，我再回過頭細讀這篇作文，總有著深深的既視感。雖然得獎當下，她開開心心覺得自己寫出一篇很厲害的故事，但或許她自己都沒發現，人生經歷尚淺的她，所能寫出的感動人心作品，必定與自己生命或內心高度相連。她看不到，但媽媽在之後的幾年裡看見了。

她的努力，常常不是為了自己，而是想證明「我值得你們的看重」，必須從他人的肯定中才能找到自我價值，甚至當別人稱讚她優秀時，她還是覺得自己不夠好。

我開始反省（我真的很愛反省自己），自己會不會是她的壓力來源之一？在她眼中「總是表現得很好」的媽媽，是否在無形中讓她給自己立下了什麼標準？甚至我對我自己的嚴格要求，是否也一直影響著她？

這些其實是我的過往心情。生平影響我最多，也是我最敬佩的人，就是我爸爸。辛苦的成長背景塑造了他的無比堅毅，我總希望自己能變得跟他一樣強大，所以也給自己立下了很高的標準，變成「過度努力」的代表。我父親是老師，自然有很多時候是嚴肅的，小時候對他是「敬愛」。直到四十多歲我才領悟，這大半生我似乎都在追求爸爸的一句：「女兒，妳做得跟我一樣好。」即便他從來也沒說過我做得不好。

這種給自己壓力的性格，美寶不就跟我一模一樣嗎？但壓力雖能造就鑽石，也可能會弄爆管線啊！要讓壓力展現出好的結果，必須加諸在適合之處。讀書、考試本就是我拿手，加上抗壓性強，這方面壓力我可以自我調適，但美寶的強項與我不同，我若一直想著「怎麼我行，她就不行呢？」不但讓自己焦慮，也會造成她更多壓力。

05 /

只是問個分數

我印象很深，國七下學期某次月考成績單發下來，我皺著眉頭說：「這分數是怎樣？」她就崩潰了。當時我覺得驚訝也委屈：

「我又不是罵妳……現在是連講都不能講了嗎？」

但與她懇談之後，我知道「成績不好」這事，已給她帶來極大壓力，讓她覺得自己糟透了，這時我自認不帶重量的一句話，就成為壓垮她的最後一根稻草。她沒錯，說真的，我的「關心」也沒錯，但眼前就「維持親子關係」來看，我調整自己的態度絕對比要求她自我調適更有效率，也是在穩定她情緒這件事上，我所能給的最大幫助。所以我向她道歉：

「媽媽很對不起，以後我在『分數』這件事上，不會再對妳有任何質疑。但也請妳體諒第一次當青少年媽媽的我，或許會不小心讓妳感覺受傷。如果真有這種情況，我希望妳明白我絕對不是故意的，也請妳提醒我好嗎？」

之後我確實不曾因她的成績，「在她面前」流露出一絲焦慮。當時我也把這話告訴同樣憂慮的爸爸。他很難接受，覺得哪有這麼脆弱的？我問他：

「你在成長過程中，曾有什麼事讓你失去自信？或覺得自己糟透了嗎？」

我那清大電機研究所畢業的老公想了想，搖頭說沒有。

「對，我也沒有。因為我們兩個在『傳統體制內的考核』都沒太大問題。到了這個年紀，我們當然明白『成績不代表一切』，但在青少年時期，讀書、考試確實就是最大的成就感或挫敗感來源，這點從以前到現在都沒變。我們學生時期多數時間都是被肯定的，因此偶爾表現不佳，也不會否定自己，只覺得『下次努力點，一定過得了』。但她不是，她現在的想法是『我怎麼努力都沒有用』，這時再給她施加壓力，難保她不會直接放棄。我們必須接受，孩子不是我們，她跟我們個性不同、學習能力不同，內心的糾結與處理情緒的能力，自然也不同。」

「那萬一我們放手不管，成績一直沒起色，最後來不及了怎麼辦？」

「我們不是放手不管，只是不盯著眼前的成果看。說真的，我們倆這輩子結識這麼多優秀的人，他們真的是因為學歷、成績才如此成功嗎？還是因為人格特質，及選擇了適合自己的路？我們必須讓她明白，念個『好一點』的學校或科系，起步或許比較輕鬆，但未來能走的路真的很多，就算辛苦點、繞遠一點，也沒什麼。別讓她因為眼前，就失去對未來的信心。對我來說，在學習這條路上，沒有什麼是來不及的，只有當『孩子走上頂樓，坐上牆邊』的那一刻，才是真正的『來不及』。」

我先生沉默了，他懂我要說的。「那我們現在要做什麼？」他問。

「就是陪伴。她是個會給自己壓力的人，我們就努力照顧她的情緒吧。」

於是在每一次考試後，接到她「覺得自己這次真的很努力，為什麼還是考不好」的爆哭電話時，我只會說：

「沒關係，妳再找機會跟老師討論看看。晚上我們先去吃頓好的再說。」吃頓好的，對這位好吃的女孩來說，非常有用！所以考試考不好，我們去吃大餐；比賽成績不如預期，我們也去吃大餐。沒有什麼壞心情，是好好吃一頓解決不了的；如果不行，那就吃兩頓。

就這樣，我們一起走過大概有「一公升眼淚」的國中三年，除了「青春期親子衝突原因第一名」的手機使用問題外，我們幾乎沒有其他爭吵。進入高中後，忙碌的社團活動和各種比賽，再次讓她得到許多成就感，情緒也漸漸穩定。可能是習慣不太漂亮的分數了（笑），也可能是內分泌、荷爾蒙造成的情緒失衡風暴逐漸趨緩了，但我認為不斷提醒她「知道自己的強項與戰場在哪」，這點非常重要。氣質與特長均偏向文組的她，在目前理組掛帥的社會氛圍與校園裡，很容易因為跟別人比成績或排名失去信心。我一再告訴她：「許多同學最後並不見得會跟妳在同個戰場上，所以妳只要穩穩的前進，走在自己的軌道上就好。」

「只要比昨天的自己好，就很棒了！」

這話講起來簡單，但對處在升學壓力下的孩子來說，並不容易。

所以我不斷提醒自己，「學習抗壓」是孩子的必要功課，而身為父母，我至少要做到「不成為孩子的壓力」。

給
擔心孩子未來
的你

學習路上沒有什麼是來不及的，
只有當孩子走上頂樓，坐上牆邊那刻，
才是眞正的來不及。

明知青春期是火山，就別引爆它

01／孩子不會糟到哪去

曾有焦慮的家長問我：

「孩子國中時成績還不錯，可是上了高中就吊車尾，怎麼辦？」

「孩子對自己都沒要求，我們在旁邊急得要命，到底能做什麼？」

「孩子對自己要求太高，明明成績已經很好，還是覺得自己不夠好，不論我們怎麼鼓勵都沒用，持續自我貶低，我真不知還能做什麼？」

發現了嗎？當孩子進入青春期，不管以什麼面貌呈現，爸媽都會擔心。我自己摸索至今，覺得最有用的三大方法就是：

一、相信：相信自己的孩子不會糟到哪兒去。

二、等待：多給他們一點時間，因為混亂的青少年真的也不知道自己要什麼。

三、放下焦慮：願意相信、等待他們，其實父母的焦慮就會減少一大半了。

若在孩子進入青春期前就能看透：不光是「你的孩子不是你的孩子」，更重要的是「你的孩子不是你」，我覺得就會減少許多親子衝突。一旦心裡萌生「我可以做到，為什麼他不行？」的想法時，請立刻植入這個標準答案：

「很簡單，因為『他不是你』。」

很多朋友羨慕我，覺得我沒有經歷過嚴重的青春期衝突（目前也只能說「還沒」）。雖然親子溝通確實得從小開始，畢竟「冰凍三尺非一日之寒」，但青少年時期真的很容易變成「行走的火山」，只是爆發的劇烈程度不同。好在火山活躍的時間有限（應該吧），這段期間，我們當父母的，就是盡量不要去引爆它，免得燒死我們自己。給他們時間，讓他們走出自己心中的迷霧。火山爆發時，孩子們自己也會受傷，我們就扮演醫療補給單位。在我看來，最有用的醫療資源，還是愛與接納。

不過，這不代表孩子就能「為所欲為」的對待父母，必須讓他們知道，父母的體諒與接納，並非理所當然，但這溝通不能用「上對下」的方式硬著來。我曾在跟美寶聊天時，說了這些話：

「美寶啊，雖然我算是相當開明的媽媽（我是連女兒談戀愛都不會阻止的，只約定『一定要讓我知道』），很多時候妳也覺得我像朋友，但妳還是必須了解，在妳成年前，我是妳的監護人，我有責任保護妳的安全，並在妳還沒機會理解太多現實人世的現在，引導妳走在對的路上。所以當我扮演較為『嚴肅』的媽媽角色時，請妳要能理解，同時也要注意妳表達情緒的方式，講話不要太『惹人厭』。」

哈哈哈！對！我就是用這三個字。青少年講話有時真的很惹人厭啊！

02 /

氣話會傷人

我曾受邀到美寶就讀的高中演講，除了職業分享，也帶入媒體素養及溝通技巧。演講結束前，我說了一個「釘釘子的故事」：

有個壞脾氣的孩子，每天都要發脾氣。爸爸給了他一袋釘子，告訴他以後每次想發脾氣，就去後院的木牆上釘釘子。

第一天，男孩釘了三十七根釘子。望著一堆釘子，他有點不好意思，所以他開始學著控制脾氣，每天釘的釘子愈來愈少。終於有一天，他一根釘子都沒釘，他高興的把這件事告訴了爸爸。

爸爸說：「從今天起，如果你一整天都沒發脾氣，就可以拔掉一根釘子。」

日子一天天過去，釘子終於全被拔光。但木牆上卻滿是釘子留下的空洞，再也不是原來的那片木牆。

爸爸對兒子說：「這就是傷害留下的痕跡。當你在生氣時，向對方說了難聽的話，就是在他心上釘了一個釘子，即便你再怎麼道歉，留下的傷口也無法完全癒合。」

全場七、八百名高中生，盯著我看，鴉雀無聲。我接著說：

「今天來到這裡，我不只是業師的身分，也是你們同學的家長。我知道你們很多人可能覺得父母親很難溝通，甚至已經不跟父母說話了。」

「但同樣身為青春期孩子的父母，我想請你們了解，很多時候我們只是因為太愛你們，怕你們吃苦，所以太著急。偏偏我們又已經離青春期太遠，加上生活的忙碌與磨難，早已忘了自己當時的心情，忘了這段日子有多不好過，忘了那些專屬於青春期的反覆與迷惘，忘了就算是苦，還是得由自己經歷。」

「父母體諒孩子比較容易，畢竟我們曾走過這段路，但要孩子體諒父母很難，因為你們沒當過爸媽。如果真的無法體諒，我想請你們至少做到『原諒』，原諒父母因為太心急，對你們造成的無心傷害。同樣的，也請你們記得，每一句說出口的話，都有它的重量。每一句話出口前，請先經過你的大腦，盡量別在任何人心上釘釘子，留下無法癒合的傷口，尤其是最愛你們的父母親。」

我在「好好說話」議題中，偷偷置入了親子溝通，事後收到同學的反饋，有人特別提到這個故事讓他非常震撼，也使他重新思考與父母間的關係。

家，本來就是個修羅場，有青春期孩子就更是了。之前每次被美寶氣到，我都會打電話回家跟我媽抱怨兼懺悔，而我媽的語氣也總是流露出「哈哈哈，妳也有今天！」的愉悅，彷彿告訴我這就是現世報。但只要調整好心態，放下對孩子不必要（也不切實際）的執著，一切都會過去的。就像知道自己所居住的地區會有龍捲風，誰能不先做好準備？但需要做準備及調整的，只有你自己。

因為你那青春期的孩子，就是龍捲風。

給正和
青春期交鋒
的你

看透「你的孩子不是你」，
就能減少許多親子衝突。

老大是天使，老二是「逆子」？

01 / 不同星球的孩子

寫女兒，我覺得自己柔情似水，但當開始要寫與兒子間的點點滴滴，想來想去就四個字最符合我的心境：

「哭笑不得。」

瓜瓜快七歲時，我真的第一次浮現以下念頭：

「我到底為什麼要吃那麼多的苦？然後生出一個『逆子』來氣死自己？」雙子小男孩的伶牙俐齒，加上雖是歪理卻邏輯分明的小聰明，常讓媽媽我在「母子對戰」中敗下陣來。我甚至覺得老天爺真的很公平，給了一個天使小孩（美寶），怎麼能再給第二個？

「總要讓妳體會一下，兒子這種生物體是多麼好氣又好笑的存在啊！」老天爺一定是這麼想的。

有本我跟瓜瓜都很喜歡的童書繪本，叫《出生前就決定好》。這是日本作者信實，在訪問了一百位有「胎內記憶」的孩子後，創作出來的作品，告訴媽媽們：每個孩子出生前，可都是歷經千挑萬選，才選中我們當他們的媽媽呢！小天使們在天上排排站，看著人間，反覆考慮後終於看著你我，笑著說：

「決定了，就是這個媽媽！」

然後從天上，咻一下，跳進我們的肚子裡。

是不是好可愛的內容！

但我覺得，美寶跟瓜瓜，一定是從兩個不同星球跳下來的，也許真的一個來自金星，一個來自火星。同樣是我生的、我養的、我教的，這兩個相差八歲半的小孩，真的非常不同。

美寶：穩定、自律、極富同理心、聽話、順從，從小不曾讓媽媽因什麼「麻煩事」被學校找去，也是老師交辦各項工作的「首席任務官」。文科理解力佳，藝術音樂表現好，個人及團體榮譽感都極強。不論是個人代表學校參賽，或是擔任社團幹部，總是全力以赴。就連不是她份內的事，但若沒人做會讓班上被講話或印象變差，她都會去攬來做。

瓜瓜：活潑、好動，還曾有科任老師跟導師要他的聯絡簿，親自寫下投訴函。就連搭校車回家下車時，校車阿姨把他交到我手上的那短暫幾秒，都會抓緊時間抱怨：「媽媽，他真的很愛講話！」他上學一年，我對老師說的「不好意思」，應該比美寶讀十幾年加起來的總數都多！

他還有一種技能是我無法理解的：永遠在掉東西。有貼名字的水壺一學期可以不見三個，我也懷疑學校存在一個「橡皮擦黑洞」，因為每天帶去的橡皮擦都會消失。與他相處時間最久的一塊橡皮擦，是因為我再也受不了，拿針線把一條長線穿過橡皮擦，直接綁在他的鉛筆盒上！當時導師看了嘖嘖稱奇，還展示給全一年級導師，說這方法太棒了，請大家分享給各班家長。（後來其他班家長轉傳給我，我都不好意思承認，這其實是我搞出來的。）

小學三年級，讀過的課外書絕對超過三百本以上，包括字數爆多的全套哈利波特中文版小說。但是一篇兩百字的簡單讀書心得，他可以坐在書桌前四個多小時都寫不出來（我還坐在旁邊陪伴跟引導）。姐姐看了頻嘆氣：「這東西在我三年級時，四小時絕對可以寫出四篇，而且沒人幫忙。」

雖然抱怨兒子真是個湊字數的好方法，信手捻來就有上千字，不過我必須就此打住，因為這些比較（尤其小學時期），對男孩實在不公平，當我試圖理解男孩和女孩的大腦發展可能不同後，確實比較不會「太常」氣急攻心。

02 /

男女生的大腦

男孩和女孩的大腦發展時程，確實是不太一樣的：

整體來說，女孩的「前額葉」體積較大，男孩的「頂葉」發展則比女生快。前額葉掌管「直覺與解讀」，頂葉負責「空間與距離」。另外，男性的腦體積比較大，所以成熟速度也比女生慢。這些會讓男女生在表現上出現哪些差異呢？

先看所謂的「個性」，女孩主掌人際關係與社會依附的大腦區塊比較大，所以天生就比較會察言觀色，我們口中的「女兒貼心，較能同理」可能就是這麼來的。而男生大腦的杏仁體比較大，再加上睪固酮的影響，比起女孩就是容易衝動、愛冒險，也比較吵鬧。

再來觀察在家庭及學校常被關注到的幾種能力：

・專注力

男生掌管注意力的視丘，通常比女生晚成熟些，所以中年級以下的男孩，有時專注持久度可能不如女生，但隨著年紀增長會漸入佳境。

瓜瓜低年級時曾不只一次，上課上到一半，站起來「活動筋骨」，甚至「走一走」，結果當然是被老師臭罵。我問他為什麼「人家」都可以好好坐著，你就不行？他回我：

「連續坐四十分鐘不能動，對小學生本來就很不合理啊！我才想問為什麼你們可以咧？」

（不過到了八歲多，好好坐著上課對他來說已經不是難事了喔！）

・精細動作的掌握度

寫字，就是一種精細動作。根據一些研究，男生的精細動作發展通常也比女生慢，所以「寫功課」對許多小男生來說是比較困難的。我自己觀察，這差異不只表現在字的工整度上，也因為需要更多心力去控制，會讓小男生寫功課特別「累」，容易煩躁。

只是我不懂，玩樂高積木也是一種精細動作啊，瓜可是連「微型樂高」都可以玩超久的孩子，要說他精細動作發展不如姐姐，我實在覺得奇怪，根本就是懶得寫字吧！

・語言能力

這方面一般也認為男生發展比女生晚，對於內心所想及外界發生的事，小時候比較無法像女生有那麼好的語言描述能力。所以小學時期如果男女生吵架，跟老師告狀，男生通常比較容易吃悶虧，因為他們可能連自己被誤會都無法解釋清楚呀！（其實長大了好像也是這樣？很多老公都覺得吵架時講不過老婆，要不閉嘴，要不就直接爆炸。）

不過這點在我家瓜瓜身上並不適用。他的語言能力應該是百分之百遺傳了媽媽的強大！一歲八個月就可以說出十幾個字的完整句子，三歲時跟十一歲的姐姐吵架，姐姐就被我們嘲笑「戰力超弱」。他也總能清楚交代事情始末，例如當我問我老公「要不要帶外套下車？」他通常就是揮個手，連「不要」兩個字都懶得說，但瓜才三歲多時就會回答：

「不要，因為我不冷。我怕拿下車我會不小心弄掉。」

你看看這語言能力有多強！邏輯有多好！先回答你最重要的「要或不要」，再說明理由，還一次給你兩個理由！真的從小就展現其「理由伯」特質。雖然現在我常因爲他的「囉唆」覺得很煩，但至少比什麼都不說（或不知該怎麼說）好，因為「溝通能力」對人際關係實在太重要。

・聽覺敏銳力

女生聽覺可能比男生敏銳喔！我曾在《嬰兒與母親》雜誌上看到一篇關於早產兒照顧研究的文章，提到研究人員試著透過各種方式呵護早產寶寶，其中一個方法是放音樂給寶寶聽，結果女寶寶比男寶寶提早兩星期出院。當大家討論為什麼會這樣？一位男醫生開口：「妳們音樂放那麼小聲，誰聽得到？」這時女醫生們才驚覺，原來女性覺得剛好的音量，男性竟然是聽不到的！當他們把音樂音量調大聲後，小男生真的也能提早兩星期出院。

太有趣了，我突然覺得以下令我崩潰的事都能解釋了呀！

─為什麼叫瓜瓜時，他永遠聽不到？

─為什麼他跟我們講話一定要那麼大聲？

─為什麼他放學回來常常「燒聲」？（他說大家都這樣啊，所以一定要比別人更大聲。小男生們的大吼大叫溝通法，果然是正常的。）

我還一度懷疑瓜瓜的聽力有問題（他爸一直叫我帶他去檢查），後來才知道「聽力」跟「聽覺敏銳度」是兩回事，而且他的「選擇性聽覺敏銳度」（這詞是我自創的）相當明顯，在看電視或看課外書時，叫他去做功課、吃飯、洗澡、睡覺，他絕對沒回應，最後被吼時，還會無辜的說：「我是真的沒聽到啊！」但當他在做功課時，即便和我們隔著一堵牆，只要講到他有興趣的話題，他都會咚咚咚跑過來興奮的參與討論，聽覺敏銳度瞬間開外掛到二〇〇%。

・短期記憶力

女生的海馬迴一般比男生大些，所以短期記憶能力較強，這讓女生在小學時期表現常比男生好。因為小學學習內容較少，也不至於過難，就算少數不能理解，直接用背的也能應付考試。所以小學中低年級若有排名次，前三名當中通常女生可以占到兩個，小男生常處於「被碾壓」的狀態。

・理解力

不過男生到了小學高年級或中學以上，就很有機會展開「成績的逆襲」。前面提到男生的頂葉發展比女生快，所以在數學、科學與邏輯的理解能力上，男生表現易優於女生，尤其進入國中後，數理難度大幅提高，男生就較容易靠這方面優勢扳回一城了。

在研究這些相關資訊時，我常會不自覺的說出：「啊！原來如此！」有時還會忍不住笑出來。當然每個人想法不同，有些家長可能認為這等於給了孩子們「表現不好」的理由，但我反而覺得這讓自己能更心平氣和的去等待孩子「跟上」，甚至在瓜瓜因為某些表現「不如姐姐」而沮喪時，我也會試著讓他了解：「眼前的不夠好」，可能只是因為時機未到，繼續前進，會愈來愈好的。

另一方面讓孩子多花點時間，在自己有興趣且有能力理解與掌握的事情上，這對孩子的自信培養也絕對有幫助，而非「齊頭式的平等」（讓每個孩子都學一樣的才藝、上一樣的課程，甚至有著一樣的要求標準）。其實每個孩子小時候，都曾對長大後的自己有著各種想像，那時的他們充滿自信及快樂。究竟是從什麼時候開始，他們覺得自己做不到呢？在成長必經的受挫過程裡，身為父母的我們，是為他們澆灌了水和肥料，幫助夢想萌芽成長？還是用我們自己片面的想法或期待，去扼殺了他們心中的可能性，甚至自信？

在陪伴兩個很不同的孩子長大的過程中，我常反覆思考這個問題。

給
不自覺
比較孩子
的你

每個孩子發展速度不同，
眼前的不夠好，
可能只是因爲時機未到。

原來非過動，只是天然嗨

01 /

那些哭笑不得的事

雖然我可以理性的分析男女不同的原因，也知道應該看見孩子們不同的特質與先天氣質，但先養過美寶，再養瓜瓜，難免還是會出現「天哪！現在是怎樣」、「這小子是來討債嗎」的想法。

瓜瓜從小就是個古靈精怪的孩子，從上幼兒園起就跟姐姐大不相同。姐姐有嚴重的分離焦慮，連續哭了一個多月還在哭，幼兒園老師都已經把她抱著要進去了，她手還死拽著我的頭髮不放，最後是母女一起放聲大哭（媽媽大哭是因為頭髮被她扯掉一撮）。

但瓜瓜剛滿三歲上幼兒園的第一天，完全沒哭！第二天也是，看起來開開心心的。只是過個週末，隔週一要上學時，他平靜的說：

「我今天不去上學了。」

「為什麼？」我瞪大眼睛問。

「因為我已經知道幼兒園是什麼樣子了，這樣就夠了，不用再去了。」

哭笑不得的我，當然沒讓他得逞。我說：「不去OK，你自己去跟老師說，因為我沒老師電話，所以呢我們一起去學校，只要你跟老師講好了，我們就回家。」

結果到了幼兒園，當然是摸摸鼻子就進去了。隔天週二，他換了一招：

「我今天要『休假』，明天再去學校。」

我笑出來：「抱歉，今天星期二喔，要到星期六才可以休假。」

他哭著問為什麼？我說你去問行政院長。推拉之間還是到了學校，但小子不肯進門，老師出來牽，他居然滿場跑給老師追！當時就有人說，此瓜聰明又有膽識，妳以後很難帶。

其實沒等到「以後」，上幼兒園第二天他就出了個讓我瞠目結舌的狀況。剛到幼兒園，處處都新鮮，小班生的瓜瓜跑去幼幼班教室玩，還爬上教具櫃，被幼幼班老師發現，老師很兇的問：

「你是誰？你為什麼在這裡？」

「我是周〇〇！」（非常清楚的報上大名）

然後老師當然就告誡他不可以爬這個、很危險之類的，沒想到此瓜竟回老師：

「那妳不能好好講嗎？」

上學第二天就跟老師嗆聲，老木心想：「就算是隔壁班老師，你這也是活膩了啊！」還好老師沒生氣，只是哭笑不得的跟其他媽媽說：「這小孩也太有種！」

02

疑似過動

「有種」還真是瓜瓜的人格特質之一。不怕生、不怯場，剛升上小學二年級，第一次參加台北市教育盃國小跆拳道錦標賽，就在品勢競賽的低年級男子色帶五～八級組中，奪得金牌。當時他上場的那個「氣魄」，真讓媽媽我相當佩服。從幼兒園起，只要有任何班級團體表演或比賽，他一定都站C位兼喊口號，因為聲音大又不怯場。某次他感冒，我跟導師說隔天要請假讓他在家休息，導師立刻哀嚎，原來隔天有班級英語歌唱比賽，少了他這大嗓門，全班聲音要小一半啊！

日常生活也是，跟陌生人一聊可以聊上半小時，什麼都能聊。大家都稱讚他活潑聰明又可愛，但這些特質在課堂上，有時可就不太可愛了。

幼兒園時，小朋友都坐著好好上課，他就喜歡躺地上或爬來爬去（理由是躺地上很涼）；上小學後，老師對「規矩」的要求更多，尤其是二〇一五這年出生的小朋友，前幾年新冠疫情期間，剛好從幼兒園過渡到小學，幾乎都在上網課的他們，剛回校園開始進行實體課程時，真的很失控，根本是一群「偽小一生」。瓜瓜很不幸的（？）剛好遇到一位「非常資深」、對規矩要求極為嚴格的老師，包括愛講話、中午睡不著、抽屜太亂、書包太亂……都讓老師超火大，整天被罵又被罰。雖然後來資深老師退休，換了一位較年輕有愛心的老師，被罰情況改善許多，但媽媽我還是偶爾會在聯絡簿上收到「客訴」。

當時我非常焦慮。其實他大班時坐不住，我就很擔心他會不會是「過動症」？畢竟醫藥及親子節目做久了，總是特別敏感。但他的幼兒園老師斬釘截鐵告訴我：「媽媽，他沒有。」後來小一導師偶爾跟我溝通他的狀況，我也問老師會不會覺得他是過動？導師也跟我說應該不是，只是「有時開心起來會太嗨，只要提醒他就好了」。雖然老師們都認為不是，但因為他跟姐姐差距實在太大，光是陪做功課就讓我心力交瘁，我還是決定給專家看一下。

我打電話給我的好朋友——天才領袖創辦人王宏哲老師，他笑著說：

「一般都是老師提醒媽媽『小孩疑似過動』，叫媽媽帶去評估，妳怎麼相反？老師都說沒事，妳怎麼這麼緊張？」

「小孩的課業跟學習不是我擔心的重點，我只怕小孩萬一有什麼狀況，之後影響到別人，那可就不好了。」身為公眾人物，媽媽真的「必須」想得比較多。

王老師親自幫瓜瓜評估後確認：

「不到『過動症』，但確實有輕微的注意力不足現象，其實這年紀很多小孩都有，男孩又比女孩多。目前有兩派看法，一派認為這不需要特別處理，確實也有很多人長大點就好了，但我認為可以透過認知行為訓練來改善，像是妳可以多增加他刺激前庭覺的活動（例如跑、跳等具速度感的運動），還有很重要的：學習衝動控制。」

後來我增加帶瓜瓜去公園玩的次數，也讓他上了兩期感覺統合課，課程裡的大量體能活動及團體遊戲，他都非常喜歡，而老師透過上課觀察後也告訴我，在「與他人合作」及「衝動控制」上，瓜瓜確實有進步。不過也是因為這個過程，我才知道有很多家長，當發現低年級孩子坐不住、愛講話、丟三落四，或寫功課要一、兩個小時（這些狀況瓜瓜都有），就直接帶去醫院。只要醫師有診斷出「注意力不足」，不論是在光譜的哪一段，即使只是輕微程度，便開始讓孩子服藥，孩子就能乖乖坐著，快速完成作業，有些還能透過刷題，參加各種學科競賽，進入資優班。

03/

正常不正常

這些對於孩子被診斷為「過動兒」的父母來說，無疑是一大鼓勵，卻也讓部分專家相當憂心。在訪問《我期待過動兒被賞識的那一天》此書作者李佳燕醫師時，她認為台灣有太多過動兒遭到「過度」診斷。她提到「注意力不足過動症」（ADHD）的診斷與處理，需要透過密切觀察、等待、忠告、家長訓練、環境改變、減少壓力以及心理治療等步驟，她個人認為至少要持續半年的觀察，才能確認一個孩子是否為「過動症」。

但台灣有太多「希望班級好管理」的老師，與太多「過於焦慮的爸媽」（通常是媽媽），總希望能快速解決，最好「藥到病除」。精神科醫師在過動症的診療上，有時只有一次跟孩子聊個十五分鐘的機會，哪能真正了解孩子的生活？多數還是靠著爸媽及老師填寫的評估表來下診斷。有些醫師不願輕易開藥，還會被家長質疑及要求。所以造成部分醫師的權宜之計就是先開藥，但告訴家長「這藥備著，不一定要吃」，只是通常父母試一次發現「效果卓越」，就會一直用下去。

李佳燕醫師認為真正應該探究的是：孩子這些狀況，真的「不正常」嗎？尤其是低年級的孩子，剛進入學校生活不適應，喜歡玩樂、好動、對人事物感到好奇、愛發問、愛講話、容易被窗外的新鮮事物吸引……這些特質套在六、七歲的孩子身上，哪裡不正常了？

「一個一年級的孩子，在教室裡坐著四、五十分鐘都不動，也不講話，那才比較不正常吧？」李醫師這麼說。

「我兒子也說過一模一樣的話欸！」我忍不住笑出來。

「哈哈哈！這孩子有想法、有前途！」

私底下跟李醫師聊了瓜瓜的日常後，她笑著叫我別擔心太多，最簡單的初判方式就是看他學習成績是否跟不上？至於寫功課扭來扭去、愛講話、坐不住，在她看來都算正常。

「所以您是反對過動症用藥嗎？」

「我不是反對用藥，我反對的是草率診斷、輕易用藥。」

李醫師認為現在的教育環境，給孩子玩樂的時間及空間本來就不足，讓孩子「正常」的行為反倒成了「不正常」。就算有些孩子看起來也許類似ADHD，但背後可能有著各種因素，包括不當的親子教養、學校老師的班級管理、同學霸凌、無法適應靜態及背誦書寫的學習方式等，甚至長期睡眠不足、運動不足，也會導致出現類似ADHD的狀況。她的診間有些被老師請來看診的孩子，換了班級或學校就沒事了，但如果是過度焦慮，或對孩子有著「超前學習」迷思的媽媽，問題就比較難解。

過快診斷與給藥，除了會給孩子貼上不必要的「疾病」標籤，最糟糕的是讓孩子覺得自己所有優秀的表現，都是因為這個藥，而不是靠自己做到的。

「有的孩子已經大學了還不敢停藥，因為擔心不吃藥，就會變回原本那個『糟糕的自己』。其實在我看來他早就沒問題了，但他卻已經將自我認同，寄託在藥物上。」李醫師難過的說。

我有位好友是兒科醫師，他的小孩小時候也有許多類似ADHD的表現。我問他為什麼不帶去評估或服藥？他說：

「因為我在診間看過一些服藥的孩子，前後真的判若兩人……我不想我的孩子變成那樣，我還是喜歡原本的他。」

這句話讓我想了很久。有時候我們好像真的「不夠喜歡」自己的孩子，總愛拿他們跟其他人比較，希望他們成為某種「樣板好孩子」。但你現在心裡隨便想一個、你罵小孩時常提到的「你看人家某某某」，如果真的可以讓你交換小孩，你是要眼前這個皮蛋？還是那個某某某？

我是立刻把我家瓜瓜抓來「攬牢牢」啦！如果你的答案是要「某某某」，那我也只能說「來生請早」了。

總之，注意力不足過動症，絕對是現今父母的一大擔憂。但我想以自身例子提醒，不必「過度焦慮」，多看多聽，就算真的是ADHD，也有不同類型、包括服藥在內的許多治療方式，重點是：給自己跟孩子多點時間評估。

給
容易看
孩子缺點
的你

有時候我們好像不夠喜歡自己的孩子，但如果真的讓你交換小孩，你願意嗎？

馬麻妳愛我還是愛姐姐多？

01／

關於偏心

瓜瓜雖然活潑好動，但對「愛」的感受卻非常細膩。有兩個以上孩子的家庭，「父母偏心」絕對是大忌，一般會先出現「媽媽偏心」想法的通常是老大，但我家剛好相反。

八歲的瓜瓜某天晚上突然很認真的說：

「馬麻，我要問妳一件事，妳要認真聽喔。」

「好啊，你是覺得平常你講話我都沒有認真聽嗎？」

然後這個已經長得很大的小寶寶（近一百三十公分、三十公斤），突然爬到我的身上，緊緊摟著我的頭，小肥臉緊貼著我的臉，很小聲、很小聲的說：

「我跟姐姐，妳比較喜歡誰？」

「天啊！這問題怎麼會出自家中老么之口？」我心想。

「我都喜歡啊！你們都是我生的，我都一樣喜歡。」

「如果一定要選一個呢？一定要比較。」

小寶寶摟得更緊，臉貼得更緊，我都快要不能呼吸了。

「我真的沒有辦法比較耶，你為什麼會想問這個問題？你覺得我比較喜歡誰嗎？」

「我覺得妳可能比較喜歡姐姐多一點。」

「怎麼可能？我花這麼多時間在你身上欸！我都覺得我對不起你姐姐了，你居然覺得我比較喜歡姐姐？」我內心狂喊。

「為什麼？」我問。

「因為妳比較不會罵姐姐，姐姐不像我做什麼事都很慢。」

原來是這樣啊，我確實說過「你姐都快十八歲了，加起來挨的罵還沒你一年被罵的次數多！」於是我跟他解釋：

「那是因為她比較大了，動作當然比較快。而且她小時候其實也沒少捱過我罵，只是她比較怕我，罵一次就有用，但你呢……」

「我就是罵不聽，自己討罵挨！」

哈哈，差不多是這樣。

「還有啊，我覺得姐姐比較有用，所以妳可能比較喜歡姐姐。」

瓜瓜小小聲的說，看起來有點沒自信，不像平日的他。

「你覺得姐姐比較有用嗎？你是覺得姐姐會的事比你多嗎？」

「嗯。」

我一把抱住瓜瓜：

「那是因為你還小。等你長大後，會的事一定不會比姐姐少。而且媽媽個人認為，依照你對『有用』的邏輯，你一定會比姐姐更有用。」（這小孩對有用的邏輯非常「理工腦」）

「還有啊，媽媽愛你們，跟你們『有沒有用』一點關係都沒有。你們都是我肚子裡生出來的，尤其你，讓我躺在醫院動彈不得很久很久，那段期間真的就只有我跟你相依為命。我對你們的愛，實在沒辦法分誰多誰少。」

我將他摟得更緊：

「你們『有沒有用』是你們自己的事，對馬麻來說一點影響也沒有。你一定要記得：就算你再『沒用』，我也一樣愛你。」

然後小瓜緊抱我，看似滿足的撒嬌完畢。

不過這事讓我有點擔心，自己行為上是否真的有「偏心」而不自覺？我常分身乏術，只能選擇讓比較大的美寶「自立自強」，會不會她也覺得我對弟弟比較好？

晚上美寶回來後，我急著問她：
「妳有覺得我比較愛瓜嗎？」
「不會啊。」（簡潔有力）
「瓜剛剛說他覺得我比較愛妳。」（我皺眉）
「喔，我也覺得妳比較愛我。」（她驕傲）
我瞬間彈起來，彷彿內心最深的祕密被人揭開（其實是怕被瓜瓜聽到），立刻喝斥她：
「妳不要亂講！你們兩個我都一樣愛，好嗎？」
「唉唷！那是因為我沒像他那麼欠罵。妳很少罵我，他當然會覺得妳比較愛我啊！」
我在那邊內心小劇場半天，反覆檢討自己，美少女一句就突破盲腸：就是因為她比較少被罵啦！這跟瓜瓜的感受相吻合，讓我稍稍放心。不過有二寶以上的家庭，應該都能感受到，要做到完全公平實在不容易，有時父母本身完全不覺得自己的愛有分別，但孩子就是會因一些小事，覺得自己受傷。

例如跟父母間的相處模式，就是其中之一。

02
/

小天使或小惡魔

如果你也對星座有興趣，或許聽過一個人的「月亮星座」也代表著他與母親之間的關係。瓜瓜的月亮在巨蟹座，通常孩子需要較多的關懷及安全感，一個擁抱就能讓他們感覺到被愛跟安心。這完全就是「跟媽媽要有黏膩的愛」的瓜瓜寫照啊！但美寶的月亮在牡羊座，我在網路上搜尋到這段敘述時，快要笑瘋：

「月亮牡羊的人所認知的母親就像一個戰士，為了孩子征戰社會的沙場，孩子被欺負時也會出來嗆爆欺負孩子的人，母親、家庭的養育總是風風火火的在外奔波，並且快速的、直接的給予適切的需求，但比較缺乏心靈上的關心。月亮牡羊眼中的母親，也會是獨立的、直接的，但相對來說可能有點粗魯，比較不是傳統上溫柔婉約的母親。」

上述形容除了「比較缺乏心靈上的關心」這句，其他好像還真符合我們母女關係。美寶大概從七、八歲開始，和我之間的互動就以談話居多，除了在情緒低落時會來主動討抱，其他時間很少會以「肢體接觸」表達情感，但瓜瓜就需要大量的擁抱跟安慰，不是只有跟爸媽撒嬌、討抱，也會去「蹭」姐姐，不習慣擁抱的姐姐總是瞬間彈開，尖叫「不要過來」！

瓜瓜不只需要擁抱，也超需要各種言語肯定。我本來就不是心思多細膩的媽媽，常不小心踩到他的地雷。小學一年級時，生活課本有一課講到「家人」，提到「可以送媽媽按摩券」表達對媽媽的愛與感謝，我說：

「姐姐小學時也有送我按摩券，我到現在還留著呢！（邊說邊找出來給瓜看）姐姐真是馬麻的天使。」

「那我呢？我也是妳的天使嗎？」瓜瓜露出滿臉期待。

我當下無法回答。但請先別罵我，容我先前情提要一下。

瓜瓜這個風一樣的雙子小男孩，與姐姐小時的聽話乖巧完全不同，我有很長一段時間覺得「瓜生哲學」就是「跟媽媽唱反調」，要他做一件事，他絕對不會馬上去做，甚至可以想出三百個不做的理由。上述對話發生的那天稍早，我們正因為他對複習月考展開「不配合運動」，發生了親子衝突，過程大致如下：

隔天要月考，但我還是帶他去公園玩了一個多小時，讓他充足放電，也買了好吃的東西。回家後他說想先看點課外書，我也同意他可以看半小時。最後叫他來複習功課，才寫兩個字就開始不耐煩，眼睛甚至直接閉上。看到這小子好處得盡，還不肯複習，我氣得摔書大罵：

「不要複習是不是？好啊無所謂，明天考試零分是你的事。乾脆我直接打電話給老師，跟他說你從明天開始都不上課，反正你也不想學習。」

他居然瞪著大眼睛，眼眶漸紅，但仍然一字一句清清楚楚的說：

「我有說我不要去上課嗎？我有說我不要學習嗎？」

「你這個態度像是要學習的態度嗎？」

「我有說我不要學習嗎？妳是什麼時候聽到我這樣說了？我有說我不要去上課嗎？妳為什麼說妳要跟老師這樣講？」

他是真的沒有這樣說，但究竟為何才六歲的小孩邏輯可以這麼清楚？搞得好像我是個脾氣暴躁的媽媽，在欺負小孩（好吧，我是脾氣暴躁無誤）。後來我氣得不理他，去廚房準備晚餐時，還不爭氣的偷掉幾滴清淚，心想我到底是造了什麼孽？只不過複習個月考，這小孩至於嗎？為什麼這麼不聽話？

即便飯後他終於「肯」複習了，但媽媽我那種淒苦的心情還揮之不去。因此當他閃著大眼睛問「我也是妳的天使嗎」時，我實在無法說出違心之論，所以我當場就沒搭話。

「馬麻，妳說姐姐像個天使，那我呢？我也像天使嗎？」（沒打算要放過我）

「嗯，你乖的時候也是小天使。」（這是我的最大極限了！）

「那不乖的時候呢？」（為何要這樣苦苦相逼？）

這時美寶突然說了一句：

「你是小惡魔！」

我看到瓜瓜臉上表情瞬間變了，低頭嘟囔：「惡魔就惡魔又沒什麼關係……」

我馬上轉移話題，講課本上的其他東西，小惡魔，喔不，是小瓜瓜，又開始無限迴圈問一百個莫名其妙的問題。時間晚了，我也累了，我語氣平穩的跟他說：

「你這樣真的讓人很困擾，因為你一直打斷我要講的東西，這樣其實很不尊重我。平常在學校課堂上你這樣，也是很不尊重老師。」

「奇怪了，發問不好嗎？」

「發問沒有不好，但要問有建設性的問題。」

「什麼是有建設性的問題？」

（以下省略五百字媽媽解釋什麼是有建設性的問題，但不慎舉了愛迪生當例子，瓜瓜便問「愛迪生除了發明電燈還有發明什麼嗎？」然後媽媽又上網查了一下，再繼續解釋五百字……）

「所以如果只是為了問而問，內容本身根本沒有意義，或只是為了搞笑，久了就會被認為是故意唱反調，也容易被認為是問題學生或麻煩製造機。」

突然間，瓜崩潰了！

「嗚嗚嗚……妳為什麼說我是麻煩製造機！我又不是機器，我是一個有生命的人欸！」

看到崩潰大哭的他，我腦中突然一片空白：

「我有說你是麻煩製造機嗎？」

「有！妳有！妳為什麼這樣說我？妳說我是沒生命的機器，嗚嗚嗚……（崩潰痛哭）」

慌張的我立刻回頭問美寶：

「我剛到底講了什麼？剛剛前面幾句我講了什麼？」

「我沒注意聽……」（顯然不想加入戰局）

看著崩潰大哭的瓜，我嘆口氣，牽起他的手：

「走，我們去喝點水。你剛不是想喝水？我有做冰水哦！」

「哦耶！」瓜立刻蹦跳起來，冰水喝得超開心。剛那幕崩潰痛哭彷彿是夢。

03/

和孩子和好

教養專家們提醒，不管跟孩子間發生什麼不悅，睡前都要和解。想想我們當天為了複習月考，互相折磨那麼多回，「小天使或小惡魔」那段或許真的讓他有點小受傷，所以睡前在床上，我抱著他說：

「瓜，媽媽想跟你說，其實你也是媽媽的小天使喔。」

「呀呀呀（撒嬌狀），我是媽媽的小天使（頭在我身上鑽來鑽去），可是我又沒有飛到天上去，怎麼當天使？」

「你是媽媽身邊的天使啊！天使是守護人的，所以你也要守護媽媽，要讓媽媽開開心心的，不要惹媽媽生氣。」

我話還沒講完，他就打斷我：

「不行，我是小孩子，我沒有辦法守護媽媽。是媽媽要守護我，所以妳是我的大天使，妳要保護我。」

言下之意等於「我沒有辦法不惹妳生氣喔！」我開始覺得他的每一句話，都是想過的，就是要一步步讓我落入陷阱。逆子就是逆子啊！只是用可愛無辜的臉包裝而已。

但我同時也知道他是真心的愛媽媽，而且是濃烈的愛，所以媽媽一句無心的話，就會讓他的小小心靈受到打擊。好在也因為他是這麼的愛媽媽，只要給他一個大擁抱，加上一句「對不起，媽媽不是故意要生氣的，媽媽很愛你」，他就又是飛上天的小天使了。

不過在你來我往的過程中，孩子其實也在學習。

我記得有次又被逆子瓜氣到一個人在廚房掉淚，那次跟功課沒有直接關係，但在那之前他先被數學班老師責備，又因為某些不當行為被我斥責，所以情緒不佳，開始盧我，覺得為什麼他都要聽我的？為什麼不是我聽他的？為什麼我說什麼他就要照著做？（但明明他就沒有都聽我的，也沒有都照我的話做。）

當時我感覺到他就是需要一個情緒的出口，而那個出口就是我。

其實孩子的主要照顧者（通常是媽媽），很容易成為這個角色。同樣的，當爸媽的情緒與壓力到達臨界點時，孩子也常會變成我們宣洩的對象。

因此當下我沒有跟他糾結太久，你來我往幾回合後，我選擇停止爭論，去做別的事，並以反覆深呼吸試著讓自己冷靜，但想到自己工作這麼忙，老公整天出差，自己得偽單親一打二，又有爸媽要照顧，小孩還這麼惡劣，就不禁悲從中來，哭了起來。

此時瓜瓜突然來到廚房門口，晃來晃去，過了一會兒開口：

「欸！媽！妳要不要和好？」

我因為一直在哭，外加忙著弄飯菜就沒理他，之後一連串忙碌讓我也無暇繼續沉溺於「我好悲慘」的情緒中。最後當我坐在書房跟美寶聊天時，瓜瓜突然跑進來抱著我：

「媽媽對不起，我剛剛不應該對妳那麼兇。」

我也回抱了他，但我沒有在當下告訴他「你下次可以怎麼做」，因為我也不知道他該怎麼做。當下的他就是滿滿的情緒，需要找出口。那段時間或許真的有些生活上的變化，對情感細膩的他造成心理上的焦慮，但我也很艱難啊！當我情緒也很滿時，我最多只能做到不爆炸、先離開，但暫時做不到去抱著他好好講。

所以最後當他來抱著我道歉時，我其實很感動。我一樣選擇在睡前抱著他，說說話。我記得當晚我謝謝他這天做的三件好事，當然其中一件是他來抱著我，跟我和好；也請他想一想，有沒有覺得媽媽這天做了什麼好事？能不能也請他謝謝我？

雖然最後這渾小子居然說不出媽媽做了什麼好事（實在可惡），但我們仍在「確定很愛彼此」的狀態下入睡。當時我真不知道，這對彼此的高張情緒能否舒緩，只是試著做做看。但如今回顧一、兩年前的這些紀錄，我真的覺得有用，至少親子相處是往穩定的路上前進。

04 /

好媽媽的樣子

沒有一個媽媽是容易的。

我們總是把孩子放在自己之前，明明做了那麼多，卻還是覺得自己做得不夠，尤其是我們常忘記自己做了哪些好事？只記得我們做得不好的，或沒做夠的。

有件事讓我印象深刻。當瓜瓜出生後，我決定告別主播台，結束長達二十年的第一線新聞工作，除了覺得自己也可以試著做做別的事，最主要是我想好好照顧懷裡的早產寶寶，以及彌補美寶小時候不曾經驗過的「家裡的媽媽」。

那時我每天為美寶準備早餐及晚餐，菜色幾乎天天不同。某天當她吃得津津有味時，我滿懷期待的問她：

「美寶啊，妳有沒有覺得媽媽不上班很好？可以天天煮飯給妳吃，陪妳的時間也多很多。」

她想了想後說：

「是不錯，但我覺得妳當主播也很好。我同學們都覺得我媽媽很厲害，妳在電視上時，我也覺得很棒。」

當下我突然說不出話。我一直因為自己的工作過度忙碌，覺得虧欠她，卻沒想到孩子眼中的媽媽，本來就可以有著不同面向。溫柔賢淑的媽媽很好，但在職場上表現優異、受人喜愛的媽媽，也很好。

每當粉絲對於自己是職業婦女，不能手把手的帶孩子長大而感到愧疚時，我都會用這個小故事告訴她們：

「好媽媽沒有固定的樣子。」

努力生活著、用力愛著的，都是讓孩子驕傲的媽媽英雄！

就像《出生前就決定好》這繪本裡所說的：

每個媽媽都是孩子獨一無二的選擇！

別再為了自己是不是有達到「別人眼中」的好媽媽定義而苦惱了，誰都沒有資格為妳打分數。只要對孩子付出了足夠的愛與關懷，對孩子而言，我們就是世界上最棒的媽媽！

給
常對孩子愧疚
的你

別爲了自己是不是有達到
「別人眼中」的好媽媽定義而苦惱。
因爲好媽媽沒有固定的樣子。

尾聲

活到五十，知了什麼天命？

你有沒有想過自己會活到幾歲？給你個數字，可能會讓你比較有概念：

根據二〇二三年底內政部公布的最新資料，二〇二二年台灣人的平均壽命為七十九．八四歲，其中男性七十六．六三歲、女性八十三．二八歲，這數字跟前幾年相比低了點，主要是受到新冠疫情的影響。在新冠疫情尚未出現前，這數字近十年持續攀升，二〇二〇年平均壽命數字是八十一．三二歲，其中男性七十八．一一歲、女性八十四．七五歲。

對於未來活到八、九十歲將是種常態，你是覺得期待？還是覺得可怕？

不論答案是什麼，這是你我都得面對的現實。就像再怎麼不願意，我今年也滿五十歲了（泣）……不免俗的要思考一下大家經常掛在嘴邊的「五十知天命」，到底是什麼意思？孔子本人因為早年周遊列國，始終不得重用，直到五十歲時「終於想開」，認為人生到了五十歲，很多事已成定局，自己活了大半輩子，也該夠成熟，了解自己在人世中的定位，對名利不再汲汲營營。

這概念放到現代，適用率大概不到一半吧！就以「汲汲營營」來說，也不是我們想這麼做，而是生活不得不啊！下有小孩尚在念小學，至少他上大學以前都是我的責任（吧），上有年邁爸媽需要扶養，且要為自己那可能還有三、四十年的老年生活預作準備……就算不求名，哪能不求利？而在網路大幅改變人類生活後，過了五十歲還能展開從未預期的人生新頁，並非不可能。我和許多朋友，都不願讓「五十歲的自己」，成為人生定局。

但我覺得「夠成熟，了解自己在人世中的定位」，確實是這個階段最重要，也是有機會做到的。人生過半，誰沒面臨過風雨？經過一次次的歷練，從一遇事時的驚慌失措，到能冷靜面對，擁有足夠智慧及資源處理眼前困難，甚至能接受不圓滿或放下糾結，這就是成熟。對人、對事能以平常心面對，盡量保持樂觀、豁達，是我對這階段自己的期許。

而所謂「在人世中的定位」，身為小人物可能覺得自己沒多大能力去擁有什麼使命，但放眼身邊：最愛的親人、知心的朋友、公司的員工，甚至是你剛在捷運上讓位的孱弱老人，你我都能在他們身上看到自己的使命。回推到最小最小的範圍：「把自己照顧好」，不也是我們此生最重要的使命？

所以人生此階段最重要的事，就是一定要開始規劃自己的後半段人生，包括健康、財務，與思考自己想要的生活。與健康相關的面向很多，我自己比較重視的是執行低碳水、低糖飲食，額外補充維他命C和魚油等營養素，以及適度運動和定期健康檢查；財務規劃除了正職收入，當然一定要包含投資及每年檢視保險（我自己有醫療險、癌症險、重大疾病險及長照險）。這些執行起來都不難，倒是「找到自己未來真正想做的事」，我覺得不太容易。

相信你一定曾在咖啡廳，看過一群年長女性聚在一起聊天。根據我的觀察，五、六十歲以上的女性聚在一起時，聊天主題通常是：

一、家中長輩的身心照護（最多的是老年憂鬱、失智、長照）。

二、兒女的工作或婚姻（明顯已跨越罵老公階段）。

三、愛自己議題（包含健康、學習新事物、旅遊等）。

咖啡廳裡難道沒有五、六十歲以上的男人群聚嗎？有，但為數不多，且討論的內容中，我鮮少聽過跟太太、子女或照顧爸媽有關的，出場頻率依序是：

一、投資。

二、各種奇怪的投資。

三、各種奇怪的生意機會。

（我老公聽完後說，他以後應該會是奇怪的投資那一群。其實咖啡廳裡的中壯年男性，聊天主題也差不多，只是沒那麼奇怪。）

雖然五、六十歲男女關注的議題，看似大不同，但從女性普遍喜愛學習新事物、男性對各種機會有著濃厚興趣，至少可以看出一件事：不論是現實需求或社會氛圍，我們上一輩的退休型態，不會發生在我們身上，意即我們不會有「真正完全」的退休。

剛過四十五歲那年，我訪問了創造出「退休進行式」一詞的李偉文醫生，他對「五十歲以後就該同步展開第二人生」的想法，這幾年一直盤踞在我腦海中。當時他說：

「妳幾歲了？四十五嗎？這年紀差不多可以開始為退休後的生活預先準備了！」

一聽到「退休」二字，我覺得實在離我太遠，但他所談及的準備方向，倒是讓我相當贊同。他說五十歲起，我們要開始為下半生尋找一件想做的事，這事要具備三種要素：第一、我們不需要依靠它為生；第二、必須是我們以前從來沒做過的事（得投注時間與心力從頭學起）；第三、是一件我們可以跟別人一起做的事，如登山、跑步、攝影，或投入公益活動都符合。

為什麼一定要從來沒做過？因為這能激發我們學習的熱情，連結到年輕時的感覺。為什麼一定要能跟別人一起做？因為進入到第二人生，我們更需要朋友。當跳脫職場，彼此沒有利害關係，單純是因為某興趣志同道合，相處起來會更自在。尤其是參加公益團體所結識的朋友，同樣具有熱情、善良的特質，更值得終生相伴。

我覺得這確實就是我理想中的老後人生啊！重心不再是為了生存的工作，而是讓自己開心、有成就感，並能與人持續互動。我現在的廣播節目主持工作，就讓我有這樣的感覺，難怪我這麼熱愛這份工作。但我還是希望能找到一件從未做過的事，重溫年輕時的學習熱情。

說到熱情，我腦中第一個浮現的就是我的高中導師。二〇二二年因為高中母校的「三十重聚」傳統，我有幸在畢業三十年後，第一次與張惠芳老師重聚。

我們是導師帶的最後一屆畢業班，之後她就離開北一女，轉往其他學校任教，並長年擔任志工。她一雙兒女都非常優秀，兒子是三軍總醫院的泌尿科主任，女婿是家醫科醫師。一家人都在教會服事，就連我們要去拜訪她，也被她規定一定要星期天早上十點，跟著她一起做完完整禮拜，並留在教會一起吃飯，才可以跟她好好聊天。

老師當時已經八十歲了，身體狀況在一般人的定義中，並不算太好。十一年前就曾因肺腺癌而開刀；雙邊膝蓋退化，醫生認為需要換人工關節，但老師不願開刀，說「膝蓋不好，走慢一點就好」；有點輕微巴金森氏症，雙手會不時抖動。儘管如此，她依舊個性開朗，活力十足。每週七天，活動排得滿滿，除了假日在教會，平日也擔任志工，到醫院探訪病人及其家庭，順便自己做復健。

時隔三十年，眼前的她仍是我們記憶裡，當年轟動北一女的那位老師：每日精心打扮，從眼影、衣服、絲襪到高跟鞋，一定同色系全套搭配。朝會時，從司令台前，穿越整個操場，走到全年級最後一班（就是我們班），昂首闊步，接受全校師生行注目禮。

探訪老師那天，她抱著我，說她都有看我的新聞，也知道我因肺腺癌開刀，她覺得我很棒、很勇敢！也常跟別人提「這個蕭彤雯是我的學生」，非常以我為榮。

聽到老師這麼說，我心裡好感動，也很想告訴她，即使畢業多年，我們還是被她那嚴謹、堅持自我的榮譽感，默默影響著。我們也都以身為她的學生為榮！

曾經，每當身邊好友勸我要「多愛自己一點」時，我總是很疑惑：

「到底怎樣是愛自己？什麼才是做自己？」

當我看到爸媽因我的某些照顧，舒服了、開心了，或是孩子們因為我的陪伴感到滿足了、安心了，我打從心裡覺得快樂，難道這不算愛自己嗎？一定要去做著與家人無關，不是付出而是享樂的事，才叫愛自己或做自己嗎？

但當我再次與張惠芳老師相遇，我終於懂得什麼是做自己與愛自己。

我記得與張曼娟老師對談《自成一派》這本書時，曼娟老師曾說：

「想要做自己，絕不只是任性和一意孤行，我們必須非常努力，哪怕只是踽踽獨行。」

我的老師從年輕到老，都正是如此啊！當年多數人竊竊私語的是：「一個老師有必要打扮成這樣嗎？」如今昔日的黃毛丫頭們終於懂得，那是一種老師對做自己的堅持。每天整整齊齊、漂漂亮亮的出現在學生面前，需要非常多的努力。而八十多歲的現在，她依舊每天把自己打理得整齊漂亮，努力照顧自己的身心，也照顧別人的身心。

很多人把做自己解讀為「不照別人設定好的路來走」，但我心中的做自己，很多時候是堅持不同流、不違背自己本性、不走簡單的路……這些並不容易，也要非常努力，才能做到心中那個「夠好的自己」。

從老師身上我看到：做著讓自己與他人都快樂的事，就是愛自己。

希望我到八十歲時，還能跟老師一樣，有活力的過著每一天！就像美國詩人艾蜜莉・狄金森（Emily Dickinson）所說的：

「我們不是年年變老，而是每天變新。」

誌謝

一路上的感謝

雖然有句話是：「要感謝的人實在太多了，不如就謝天吧！」但我還是要謝謝在我身體出狀況時，所有幫助我、陪伴我的人。

謝謝北投健康管理醫院的協助

謝謝台北榮總胸腔外科許瀚水主任精湛的醫療團隊

謝謝台北榮總麻醉科丁乾坤主任優秀的麻醉醫師團隊們

謝謝台北榮總中正樓A154病房的護理人員

謝謝振興醫院小兒科羅玉芳醫師宛如家庭醫師般的溫柔陪伴

謝謝我的家人（尤其是我先生）的照顧與幫忙

謝謝工作夥伴們低調的協助我在術前安排好所有工作

謝謝少數知道的親友們一直為我祈福並給予支援

謝謝我的聽眾、粉絲，及生活中每一個陌生卻友善的你。我記得術後有天到郵局寄信，一位女性同仁在幫我處理完郵件後，突然小聲跟我說「妳要加油喔！」讓我驚訝又溫暖。（我明明口罩戴好戴滿，妳到底是怎麼認出我的？）

還有一份沒意料到的關心，我也想藉此機會感謝：謝謝賴清德總統。

二〇二一年四月十九日，我肺腺癌手術剛滿月的一天晚上，接到一通不認識的號碼來電：

「請問是蕭彤雯小姐嗎？」

「我是，請問您哪位？」

「我是賴清德。」

「嗯……您好……」（當下懷疑是語音訊息嗎？）

「妳還記得我那時候在台南，五都選舉時，妳是第一個來採訪我的人嗎？」

「是的……我記得……」（還在懷疑）

「當時您對我有很多鼓勵，讓我很感動，也讓我對您印象非常深。前陣子從媒體上得知妳開刀，現在一切都好嗎？」

此時我忍不住大叫：

「你真的是副總統本人！我還以為是詐騙！」

然後兩人開始話家常，時任副總統的賴總統，聊到當年他還在成大醫院行醫時，肺腺癌可是個大手術。除了讚嘆現在醫學的進步，也鼓勵我，說從媒體上看到的我恢復得很好。

然後我就職業病上身，開始跟總統討論肺腺癌的相關倡議，最後瓜瓜在旁邊以近六、七十分貝高聲朗讀九九乘法表，以表達媽媽在晚上應該陪他，不該跟「別人」講電話講太久的不滿。

「我聽到那是妳的小孩嗎？」總統笑笑的問。

「呃，是的，他很吵，真是不好意思。」

掛斷電話後，我心中激動許久。我與賴總統僅在二〇一三年八月那次專訪中，有過交談，過去我並非跑政治線的記者，動肺腺癌手術時也已離開新聞圈多年，總統不需要為了「維持與媒體友好關係」這個理由，刻意關心我。尤其他並非透過隨扈或助理撥這通電話，而是以私人手機，直接打給我。

最令我驚訝的，是二〇一三年那晚，我在訪問結束後，私下跟總統聊到我那年邁的深藍父母，對於國家未來的擔憂及對「賴清德」的個人期待。時隔八年，賴總統竟能一字不漏，完全記得：

「我一直記得你們的期望，我會努力。」

不論是站在當時的病友立場，或昔日的採訪者角度，還是如今、就單純只是一個台灣人民的身分，對於賴清德總統的那通電話，我都非常感動，也非常感謝。

輕心靈 013

三明治媽的多重宇宙

意外總會隨時上門，保持 Chill 才能見招拆招

作　　者｜蕭彤雯
責任編輯｜許翠瑄
編輯協力｜章永安
文字校對｜魏秋綢
封面設計｜初雨有限公司
內頁設計與排版｜連紫吟、曹任華
行銷企劃｜蔡晨欣

天下雜誌群創辦人｜殷允芃
董事長兼執行長｜何琦瑜
媒體產品事業群
總 經 理｜游玉雪
副總經理｜林彥傑
總　　監｜李佩芬
行銷總監｜林育菁
版權專員｜何晨瑋、黃微真

出 版 者｜親子天下股份有限公司
地　　址｜台北市 104 建國北路一段 96 號 4 樓
電　　話｜(02) 2509-2800　傳真｜(02) 2509-2462
網　　址｜www.parenting.com.tw
讀者服務專線｜(02) 2662-0332　週一～週五：09:00~17:30
讀者服務傳真｜(02) 2662-6048
客服信箱｜bill@cw.com.tw

法律顧問｜台英國際商務法律事務所　羅明通律師
製版印刷｜中原造像股份有限公司
總 經 銷｜大和圖書有限公司　電話｜(02) 8990-2588

出版日期｜2024 年 5 月第一版第一次印行
定　　價｜420 元
書　　號｜BKELL013P
I S B N｜978-626-305-865-1（平裝）

訂購服務
親子天下 Shopping｜shopping.parenting.com.tw
海外・大量訂購｜parenting@service.cw.com.tw
書香花園｜台北市建國北路二段 6 巷 11 號　電話｜(02) 2506-1635
劃撥帳號｜50331356 親子天下股份有限公司

國家圖書館出版品預行編目（CIP）資料

三明治媽的多重宇宙：意外總會隨時上門，保持 Chill 才能見招拆招 / 蕭彤雯著 . -- 第一版 . -- 臺北市 : 親子天下股份有限公司 , 2024.05
304 面；14.8×21 公分 . --（輕心靈；13）
ISBN 978-626-305-865-1（平裝）

1.CST: 人生哲學 2.CST: 家庭關係

191.9　　113004887

立即購買 >